WOLFGANG FASCHING

DU SCHAFFST WAS DU WILLST!

Aufgezeichnet von Martin Roseneder

WOLFGANG FASCHING

DU SCHAFFST WAS DU WILLST!

V.B.

+ zu verschiedenen Themen viel
anvarbeiten mit Beispielen

1. Konzentration
2. Konfortzone

Aufgezeichnet von Martin Roseneder

VORWORT 9

AM ANFANG STAND DIE VISION 17

VISIONEN UND ZIELE 31
    Der Reiz der Ziele 38
    Raus aus der Komfortzone 42
    Nicht um jeden Preis 44
    Der chronologische Leitfaden zum Erfolg 46

MENTALE STÄRKE 47
    Die Macht der Gedanken 49
    Ansprüche von innen, Umstände von außen 55
    Die Diskussion mit uns selbst 58
    Vier Ebenen, eine mentale Stärke 59
    Die Spannungsebene 59
    Die Verhaltensebene 60
    Die Gefühlsebene 62
    Die Krise als Zeit der Bewährung 64
    Ihre Zeit, Ihre Lebensqualität 67
    Halten Sie Ihre Erfolgserlebnisse fest 68

GLAUBE UND MOTIVATION 71
    Mit gutem Beispiel voran 77
    Der Startkick 78
    Der innere Schweinehund 81
    Immer diese Sorgen 82

SELBSTERKENNTNIS 85
    Lernprozesse 90
    Stärken Sie Ihr Selbstvertrauen 94

Inhaltsverzeichnis

TEAMWORK 103

UNTERBEWUSSTSEIN – IHR KRAFTVOLLER GEFÄHRTE 111
   Die Kraft des Unterbewusstseins 118
   Beeinflussen Sie Ihr Unterbewusstsein 122
   Stärken Sie Ihr Unterbewusstsein 125
   Entdecken Sie die Lust am ständigen Üben 126
   Visualisieren Sie Ihre Gedanken 127
   Rituale 129

DIE WERTSCHÄTZUNG DES EIGENEN ICHS 133
   Reden Sie mit sich selbst 136

VERÄNDERUNG ALS CHANCE 141
   Wagen Sie das Risiko 148

DIE HÜRDEN ZUM ERFOLG 151
   Denken Sie positiv 157
   Achten Sie auf Ihre Umgebung 159
   Und ich schaffe es doch 161
   Der Unterschied zwischen Siegern und Verlierern .. 162
   Erfolgreiche Menschen denken erfolgreich 163

KONZENTRATION AUF DAS WESENTLICHE 167
   Das Ende naht 171
   Den Fokus auf sich selbst legen 173
   Schalten Sie ab 176
   Leben Sie im Hier und Jetzt 178

NEHMEN SIE SICH ZEIT 191
   Die Technik der stillen Stunde 194
   Ist Stress gleich Stress 194

Wie gehen Sie mit Stress um 197

Sagen Sie Nein 198

Finden Sie Ihr Gleichgewicht 200

FASCHING AUF DEN SEVEN SUMMITS 203

PRAXISTEIL

Übungen für die Konzentration 209

Zielsetzung 213

Entspannungsübungen 217

Motivationsübungen 227

DIE AUTOREN

Wolfgang Fasching 231

Martin Roseneder 232

Literaturverzeichnis 233

Literaturempfehlungen 234

5. Auflage
Copyright © 2010
Colorama Verlagsgesellschaft mbH
Vogelweiderstraße 116, A-5020 Salzburg
www.colorama.at

ISBN: 978-3-902692-18-4

Druck
Colordruck Helminger & Co., Ges.m.b.H.,
Vogelweiderstraße 116, A-5020 Salzburg
www.colordruck.at

Coverdesign, Gestaltung und Typographie
chiliSCHARF Kommunikationsagentur
Marienstraße 10A, 4020 Linz
www.chilischarf.at

Coverfoto: EOS Fotografie

Fotos: Dmitry Pichugin – Fotolia.com
          Wolfgang Luef, Alois Furtner,
          Privatarchiv Wolfgang Fasching
          Günter Weixlbaumer

Gesamtgestaltung: Doris Fasching, Günter Weixlbaumer

VORWORT

Das Wichtigste zuerst: Dieses Buch ist ein fantastischer Beitrag zu einem erfolgreichen Leben! Es ist eine Pflichtlektüre für jeden Menschen. Wolfgang Fasching schreibt über das, was unsere Schulen und Universitäten versäumen. Er hat in jedem Bereich, in dem er sich engagierte, Außerge-

wöhnliches geleistet und das ist ihm auch mit diesem Buch gelungen. Seine Begeisterung ist in jeder Zeile spürbar. Seine persönliche Bescheidenheit macht es dem Leser leicht, sich an die eigenen Grenzen heranzutasten, sich auch etwas zuzutrauen und damit Ziele zu erreichen, die vorher jenseits des Möglichen lagen. Läge es in meiner Macht, wäre es eine Pflichtlektüre an unseren Schulen.

„Du schaffst was Du willst" ist eine Zusammenstellung von Erfolgstechniken, die Wolfgang Fasching selbst ausprobiert hat und die nachweisbar funktionieren. Er weiß also, wovon er spricht und schreibt. Seine Erfolgstechniken haben aus einem unbekannten Malerlehrling einen weltberühmten Sportler gemacht. Sie haben ihm einen Beruf als Vortragender für weltbekannte Unternehmen und tausende Menschen pro Jahr ermöglicht. Sie machten ihn zu einer Ikone unserer Zeit. Seine Erfolge als Radfahrer und als Bergsteiger sind schon jeder für sich allein außergewöhnlich und beeindruckend. Aber die Summe davon ist schier unfassbar. Er gehört zu einer Elite im besten Sinne des Wortes. Wolfgang Fasching ist sogar im weltweiten Maßstab eine Ausnahmeerscheinung. Und doch ist er ein ganz normaler Mensch geblieben, der seine Fehler genauso ehrlich schildert wie seine Stärken.

Es sind vor allem zwei Faktoren, die es zu einer Ehre machen, dieses Vorwort schreiben zu dürfen. Zum Einen ist es der Ausnahmesportler Wolfgang Fasching. Die Fakten werden im Buch faszinierend dargestellt. Ich kann mich daher hier kurz halten. Er beschließt am RAAM, am Race across America teilzunehmen. Als Ergebnis prägt er dieses Rennen wie niemand vor ihm, beginnend 1996 mit dem nach wie vor bestehenden Rookie-Rekord, also der schnellsten jemals gefahrenen Zeit eines Neueinsteigers, bis hin zum wenige Jahre später erreichten unglaublichen Vorsprung von 23 Stunden auf den Zweitplatzierten. Zum Vergleich: Ein Jahr vorher war er selbst Zweiter mit nur einer (!) Stunde Rückstand.

Nach der Beendigung seiner Wettkampfkarriere am Rad nimmt er sich vor, Berge zu besteigen. Schon während seiner Radsportkarriere bestieg er 2001 den höchsten Berg der Erde, den Mount Everest. Für normale Alltagsmenschen ist das eine absurde Entscheidung. Man muss doch zuerst jahrelang Erfahrung sammeln, bevor man sich an den höchsten Berg der Welt wagt. Für jemanden wie Fasching ist es aber eine schlichte und logische Entscheidung, sich an das höchste erreichbare Ziel zu wagen. Wozu sonst sollte man Lebenszeit investieren, wenn nicht in das Außergewöhnliche? Und er erreicht dieses Ziel mit der gleichen unbeirrbaren Konsequenz, wie er sie am Rad gezeigt hatte. Sein nächstes Ziel sind die Seven Summits, die jeweils höchsten Berge auf den sieben Kontinenten. Mittlerweile sind alle sieben bestiegen – natürlich, möchte man fast sagen. Nicht weil das in irgendeiner Weise selbstverständlich wäre, sondern weil es sich um ein Ziel von Wolfgang Fasching handelt. Seine anderen Weltrekorde und Siege, die Tatsache, dass er die ganze Strecke der Tour de France in einem Zug durchfahren hat, alles das, was ein normaler Sportler zu Recht als Höhepunkte seines Sportlerlebens ansehen würde, wird bei Wolfgang Fasching normalerweise nicht einmal erwähnt.

Zum Anderen ist es der Mensch Wolfgang Fasching, der mich tief beeindruckt. Ich habe ihn vor Jahren kennengelernt, als ich ihn als Ehrengast zu einer meiner Vorlesungen an der Universität Graz eingeladen hatte. Der vielfache RAAM-Sieger war so ganz anders als viele andere Sportler und Vortragende, die ich schon erlebt hatte. Wo sich andere mit ihren oft lange zurückliegenden Leistungen brüsten und sich als Superstars benehmen, war Wolfgang Fasching ein ganz normaler Mensch geblieben, durchdrungen von seiner Haltung, dass das, was er vollbracht hatte, grundsätzlich jedem Menschen möglich gewesen wäre.

Der Unterschied liegt seiner Meinung nach in dem, was uns jeweils persönlich bedeutsam ist. Man kann nicht alles erreichen – aber man kann alles erreichen, was einem wichtig ist. Es ist diese Leidenschaft, die schon im Titel des Buches angesprochen wird: Man muss das, was man sich als Ziel setzt, wirklich selbst wollen. Allzu oft sind es vorgegebene Ziele, die jemand meint, erreichen zu müssen. Die Eltern, die Nachbarn, der Ehepartner, die Kollegen – es gibt jede Menge Beeinflusser, die uns sagen, was wir eigentlich zu erreichen hätten, wie unser ideales Leben ihrer Meinung nach auszusehen hätte.

Nur selten und nur durch puren Zufall sind das auch wirklich genau die Ziele, die wir selber uns setzen würden. Und genau dadurch kommt so selten wirkliche Begeisterung und Leidenschaft auf für das, was wir tun. Wir erfüllen unsere Pflicht – Soldaten auf einem unsichtbaren Schlachtfeld, am Ende gestorben für nichts und wieder nichts.

Wolfgang Fasching kennt diesen Unterschied genau. Er erwähnt Ziele, die er nicht umgesetzt hat, die Durchquerung aller Kontinente mit dem Rad zum Beispiel. Sie haben ihn einfach nicht genug inspiriert und er hatte und hat den Mut, solche Ziele nicht zu verwirklichen, auch wenn sie ihm zwischendurch attraktiv erschienen sein mögen.

Für uns Leser bringt das eine wunderbare Botschaft: Wir alle sind imstande, ein Leben zu führen, das unser eigenes ist, das uns gehört, das wir selber gestalten. Wir können die Entscheidung treffen, entweder tatsächlich unser Leben zu leben oder es einfach nur zu überleben.

Für mich kann die Quintessenz dieses Buches so zusammengefasst werden: Es gibt für jeden von uns ein Leben vor (!) dem Tod und es kann uns niemand daran hindern, dieses Leben zu erobern. Das Wunderbare ist, dass wir nicht das RAAM gewinnen oder den Mount Everest besteigen müssen, um es Wolfgang Fasching gleichzutun. Wir dürfen unsere eigenen Gipfel definieren und die mögen völlig anders aussehen. An jedem Platz der Welt können wir allein dadurch, dass wir wir selbst sind, Außergewöhnliches bewirken. Ob als Mutter oder Vater, als Vortragender, als Verkäufer, als Taxifahrer, als Arzt, als Berater und in jeder anderen Aufgabe können wir mit Mittelmaß zufrieden sein oder wir können unser wahres Potential verwirklichen – nichts kann uns daran hindern.

Ich kenne Wolfgang Fasching seit Jahren und durfte oft mit ihm zusammen auf einer Bühne stehen, wo es darum ging, Menschen zu ermutigen, an sich selbst zu glauben und ihren eigenen Weg zu gehen. Nie habe ich erlebt, dass er vermittelt hätte: Seht her, das habe ich geschafft. Immer verwendete er seine Erfolge nur als Beispiele, als Indizienbeweise, dass man es schaffen kann.

Ich bin darum völlig sicher, dass er mir zustimmt, dass alle Mühen und Anstrengungen, die hinter jedem seiner Erfolge liegen, ihren tieferen Sinn darin finden, dass seine Leser und Zuhörer ihre innere Stärke finden und auf die ungeheuren Möglichkeiten vertrauen, die ihnen diese Stärke ermöglicht.

Ich bin sicher, dass wir uns als Menschheit vom aktuellen Bonsai-Menschen zu unserer wahren Bestimmung entfalten werden. Sollte ich das jemals bezweifeln, werde ich dieses Buch erneut lesen und mich wieder auf den Weg machen, auf meinen eigenen Weg natürlich, mit weniger wäre Wolfgang Fasching nicht zufrieden.

DR. MANFRED WINTERHELLER
Unternehmer, Vortragender
Honorar-Professor an der Universität Klagenfurt
Gastprofessor an der Donau-Universität Krems

AM ANFANG STAND DIE VISION ...

Wenn Profiradrennfahrer nach 180 Kilometern ihr Training beendeten und nach Hause fuhren, fing bei mir der Spaß erst an und ich drehte noch einige Extrarunden. 1988, als ich einen eindrucksvollen Bericht über das Race Across America (kurz RAAM genannt) im Fernsehen sah, setzte sich in meinem Kopf ein Gedanke fest: Dieses Rennen will ich auch einmal bestreiten! Das Race Across America ist ein Radrennen, das nonstop durch die Vereinigten Staaten von Amerika führt. Es sind knapp 5.000 Kilometer mit 30.000 Höhenmetern zu überwinden. Zu dem kommen enorme Temperaturunterschiede: zwischen angenehmen 25 Grad an der Westküste, extremen 50 Grad in der Wüste Utahs und bescheidenen null Grad in den Rocky Mountains. Die Athleten verbrauchen pro Tag bis zu 20.000 Kalorien, müssen rund 25 Liter Flüssigkeiten zu sich nehmen und kommen pro Woche auf ein Schlafpensum von nicht mehr als zwanzig Stunden. Wer aber ganz vorne ankommen will, muss in den acht bis neun Tagen, die man auf dem Rad von der West- bis zur Ostküste der USA unterwegs ist, mit weniger als zehn Stunden Schlaf das Auslangen finden. Und genau dieses Rennen mit diesen schier unmöglichen Eckdaten wurde zu „meiner" Bestimmung. Acht Mal bewältigte ich das Race Across America und stand dabei jedes Mal auf dem Siegerpodest, drei Mal davon ganz oben. 2001 war ich der dreizehnte Österreicher am Gipfel des Mount Everest, ich wurde 24-Stunden-Welt- und Europameister, Weltrekordhalter auf der Langstrecke und feierte Siege bei diversen Extremradrennen und im Dezember 2010 stand ich am letzten Gipfel der Seven Summits. Eines hat mich immer besonders motiviert: Je intensiver ich mich mit einem Projekt beschäftigte, desto stärker war der Wille, die Sache durchzuziehen. Ganz nach dem Motto: „Du schaffst was Du willst!" Seitdem ich das Mental-College in Bregenz besuche, wird mir immer bewusster, dass ich viel dort gelernte Theorie in meinem Leben als Extremsportler intuitiv eingesetzt habe, ohne dass ich über diverse Techniken und Methoden aus theoretischer Sicht Bescheid wusste.

In der Schule war ich Mittelmaß. Für mich waren Sport und Bewegung eine Möglichkeit, aus dem Alltagstrott auszubrechen. Mein erstes Radrennen bestritt ich als Zwölfjähriger in meiner steirischen Heimatgemeinde Straden auf einem miserablen Drahtesel. Es war ein unlizenziertes

Rennen und ich wurde Siebenter. Mein zweites Erlebnis mit dem Radsport ereignete sich wenig später. Die Stars der österreichischen Szene gastierten in Straden. Ich war von den Sportlern begeistert und besorgte mir – von den Athleten bis zu den Betreuern und Mechanikern – Autogramme. Diese Leute übten eine ungemeine Faszination auf mich aus. Und das, obwohl ich meine Zeit lieber am Fußballplatz verbrachte, damals war ich Torhüter im heimatlichen Fußballclub. Nach der Pflichtschule absolvierte ich eine Malerlehre. Der Radsport spielte bis zum ersten Lehrjahr meiner Malerlehre kaum eine Rolle. Und dann, als ich nur knapp 100 Euro pro Monat verdiente, flammte die Liebe zum Radsport so richtig auf. Ich beschloss mir ein Rad zu kaufen, ein Puch Clubmann, das 200 Euro kostete. 50 davon zahlte ich an und den Rest stotterte ich in Monatsraten ab. Nach drei Jahren als Malerlehrling und dem Abschluss der Gesellenprüfung bekam ich die Einberufung zum Bundesheer und ich verpflichtete mich für vier Jahre als Zeitsoldat.

Haben Sie außergewöhnliche Visionen
und Ideen in Ihrem Kopf,
erzählen Sie anderen Leuten erst dann davon,
wenn Sie diese tatsächlich umsetzen können!

Als 18-Jähriger sah ich Franz Spilauer, der als erster Europäer das Race Across America gewinnen konnte, in einer Sportsendung im Fernsehen. Untermalt wurde der Bericht, der einen Einzelkämpfer in der Traumstadt San Francisco mit ihren steilen Rampen und die endlosen

Weiten Amerikas zeigte, mit dem Song „San Francisco Bay". Das alles hat mich in den Bann gezogen und ging mir nicht mehr aus dem Kopf. Und das, obwohl mein Interesse damals eher dem Fußball galt. Meine Erfahrungen mit dem Radsport beschränkten sich auf die täglich zu meisternde 32-Kilometer-Strecke, die ich in meiner Lehrzeit pro Tag von zu Hause in die Arbeit und zurück fuhr. Gleich am Tag nach der Sendung erzählte ich voller Stolz meiner Mutter, was ich machen will. Ich erzählte ihr begeistert die Geschichte von einem Österreicher, der das Race Across America gewann. Mit allen Eckdaten und meinem Vorhaben, selbst teilzunehmen. Sie konterte, wie es von einer Mutter nicht anders zu erwarten war: „Wolfgang, du kennst dort niemanden, das Land ist neu und du sprichst nicht gut Englisch. Und Rad fahren kannst du auch nicht gut! Außerdem, wie willst du das finanzieren? Du hast doch kein Geld, und gefährlich ist es obendrein!" Sie hatte viele hieb- und stichfeste Argumente in der Hand, um es mir auszureden. Ich dachte mir: „Stimmt, sie hat recht. Ist ein Blödsinn." Doch keine zwei Tage später begann es erneut in meinem Hinterkopf zu spuken. Die Faszination Race Across America ließ mich nicht mehr los. Meine erste große Lektion hatte ich dabei gelernt: Haben Sie außergewöhnliche Visionen und Ideen in Ihrem Kopf, erzählen Sie anderen Leuten erst dann davon, wenn Sie diese tatsächlich umsetzen können. Es wird in Ihrem Umfeld viele Leute geben (Freunde, Verwandte, Kollegen), die Ihre Vorstellungen im Keim ersticken werden: Warum gerade Sie es nicht schaffen! Manchmal bringen sie Gegenargumente, weil sie es einfach nur „gut" mit einem meinen.

Sehr häufig spielt auch Neid eine Rolle. Ich nahm mir damals diese Erfahrung zu Herzen und beschloss, zukünftige Visionen so lange für mich zu behalten, bis sie für mich tatsächlich umsetzbar sind. Um zu verhindern, bei künftigen Argumenten, die zwar nicht falsch sind, aber mir nicht ins Konzept passen, gleich umzufallen.

Die Vision vom Start beim Race Across America ging mir in den Folgejahren nicht mehr aus dem Kopf. Trotzdem, mein Leben ging seinen normalen Lauf, der so normal auch wieder nicht war: Die drei Jahre meiner Maler- und Anstreicherlehre mussten sein. Meine Mutter steckte mich dorthin, weil ich einen ordentlichen Beruf lernen musste. Meine Lehrzeit dauerte genau drei Jahre und keinen Tag länger. Danach verbrachte ich vier Jahre beim Bundesheer. Obwohl viele Menschen schlecht über das Bundesheer reden, nahm ich für meine Zukunft doch einige positive Aspekte mit: Pünktlichkeit, Disziplin und Ordnung, alles, was man im Leben brauchen kann und ganz besonders im Sport. Im Alter von 22 Jahren, ergriff ich eine zweite Lehre, die des Einzelhandelskaufmanns. Es folgten neun Jahre als selbstständiger Kaufmann. Daneben absolvierte ich eine dreijährige Ausbildung zum Fachwirt für Handel in Form einer Abendschule. Meine Radsportkarriere nahm konsequent ihren Lauf. Mit 25 bekam ich Tochter Simone geschenkt. Der Tag hatte damals wie heute nur 24 Stunden, einige zu wenig. In meiner ersten Phase als Ausdauersportler erklärten mich viele für vollkommen verrückt. Aber: Ich war enorm strebsam und fleißig, stieg um fünf Uhr früh aus dem Bett und trainierte für

mein Vorhaben, das Race Across America. Ich ging in dieser Zeit oft mit schlechtem Gewissen trainieren, weil ich
mir dachte: Ich lasse meine Mitarbeiter im Geschäft im
Stich. Was werden sie wohl über mich denken? Der Chef
geht Rad fahren und seine Mitarbeiter stehen von früh bis
spät im Geschäft? Aber ich brachte alles unter einen Hut.
Um fünf Uhr früh aufstehen, trainieren, dann ins Geschäft,
danach wieder Rad fahren, wieder ins Geschäft, bis spät in
die Nacht lernen. Ich blieb unbeirrt, war immer von meinem Ziel und dem Erfolg überzeugt. Ich fuhr drei- bis viermal pro Woche in das 70 Kilometer entfernte Graz zur
Fachakademie und wieder zurück nach Hause. Viele
meinten, der soll seine Energie besser bei der Arbeit einsetzen.

Damals fuhr ich für den örtlichen Radklub. Dort lernte
ich Peter Luttenberger, den Sieger der Tour de Suisse und
Tour-de-France-Fünften von 1996, kennen. Er wohnte nur
fünfzehn Kilometer entfernt und wir trainierten fast täglich
gemeinsam. Mein Trainingskollege, der schon in seiner
Zeit als Juniorenfahrer große Erfolge feierte, war schon
damals ein Vorbild für mich, obwohl er fünf Jahre jünger
war. Leichtgewicht Peter machte in der Heimat und später
im Ausland schnell Karriere. Ich konnte wegen meiner
Vielfachbelastung (Familie, Beruf, Sport und Ausbildung)
noch nicht wie er hundertprozentig für den Radsport leben.

Sport und Bewegung waren mein Leben. Neben den
Trainingseinheiten verschlang ich die Sportseiten der
Tageszeitungen und wühlte mich durch sämtliche Sport-

magazine. Sportler waren für mich immer schon Vorbilder und ich wollte selbst einmal einer sein, der aus der Zeitung herausschaut. Diesen Traum, den ich schon als Kind hatte, wollte ich erreichen. Ich stieg in der Kategorie der Hobby-Fahrer ein. Unsicherheit und Angst verhinderten den Sieg bei meinem ersten richtigen Rennen. Ich wusste einfach nicht, wie ich mich als Erster im Ziel verhalten sollte. Auch wenn es nur ein Triumph in der Kategorie Hobby gewesen wäre. Ich war als Erster knapp vor dem Ziel, blickte zurück und der Vorsprung war eigentlich groß genug. Ich nahm das Tempo raus, zögerte und es dauerte nicht lange, bis mich ein Kontrahent überholte. Ich war nie der Typ, der mit hoch erhobenen Armen ins Ziel fuhr, das tat ich bis zu meinem Karriereende nicht. Meine Emotionen stellte ich nach außen hin kaum zur Schau. Den ersten Sieg errang ich schon beim nächsten Rennen und schnell hatte ich die geforderten Erfolge in der Tasche, um in die nächsthöhere Kategorie der Hauptfahrer aufzusteigen.

Oft passierte es nach Rennen, dass ich den Heimweg statt im Mannschaftsbus mit dem Rad zurücklegte. Lange Bewerbe und widrige Witterungsbedingungen lagen mir. Dieses Ausdauernde war in mir drin. Ebenso wie die Vision des Race Across America und jene, dass ich immer mehr machen wollte als die anderen!

Mein Interesse an den klassischen Radrennen schwand zunehmend. Ich beschloss, mein Hauptaugenmerk auf Langstreckenrennen zu legen und bestritt die ersten 12- und 24-Stunden-Rennen. Die Vision vom Race Across

America wurde immer konkreter und gipfelte im Mai 1995 in die reale Umsetzung: Ich nahm am offiziellen Qualifikationsrennen zum RAAM teil. Es führte von Bregenz nach Wien über 800 Kilometer. Mit Rang zwei und nur drei Minuten Rückstand auf den deutschen Weltklasse-Triathleten Lothar Leder schaffte ich die erste Hürde! Die Tür Richtung Amerika stand weit offen. Ich musste jetzt nur noch durchgehen! Das hieß im Klartext: Sponsoren finden, Team zusammenstellen und Beginn der intensiven Vorbereitung auf den Klassiker in Amerika!

Ich war total glücklich und stolz, zugleich aber nervös und aufgeregt wie nie zuvor, als ich am 1. August 1996 in Irvine, dem Startort des Race Across America, um sechs Uhr früh aus dem Bett stieg. Beim Frühstück bekam ich keinen Bissen runter. Die letzten Vorbereitungen bis zur Fahrerpräsentation um 8:30 Uhr dauerten schier endlos. Dann wurden wir vom Moderator einzeln vorgestellt, die Rookies (Neueinsteiger) zuerst und am Schluss die Stars. Ich hatte das Glück, dass ein Fernsehteam mit dabei war. An einen Sager des Redakteurs erinnere ich mich noch heute: „Wenn du bis zur Halbzeit kommst, dann machen wir schon was daraus." Ich war schockiert! Für mich war immer klar, ich komme durch. Es gab nichts für mich, was mich daran hätte hindern können. Auch meine Sponsoren, für die ein solches Engagement völliges Neuland war, haben gefragt: „Was ist, wenn du ausfällst?" Diese Fragen ließ ich unbeantwortet, es gab für mich nie Zweifel. Wenn ich etwas anfange, mache ich es fertig. Unmittelbar vor dem Start stieg mein Puls auf ca. 120 Schläge pro Minute.

Ich wusste nicht einmal, ob ich vom Fleck wegkomme, so aufgeregt war ich. Die Herausforderung war riesengroß, eine der größten in meinem Leben. Meine größte Sorge war die enorme Hitze von bis zu 45 Grad Celsius unmittelbar nach dem Start. Ich begann mit mir zu reden: „Fahr schön langsam, es geht dir gut. Es ist angenehm warm." Die Amerikaner wunderten sich, da gibt es einen Österreicher, der vorne mitfährt, der wird sich schon noch anschauen. Plötzlich war ich als Dritter im Ziel, das war Rookie-Rekord. Ich war nach acht Tagen und 14 Stunden im Finish. In der über 25-jährigen Geschichte des Race Across America schaffte es noch kein Neueinsteiger, sein erstes Rennen unter neun Tagen zu absolvieren.

Der erste Gedanke im Ziel: „Ich habe das erreicht, wofür ich zehn Jahre lange gelebt habe. Nie mehr wieder!" Aber schon beim Heimflug nach Österreich plante ich mein nächstes Race Across America. Mit einem großen Unterschied: Ich wusste, dass ich dieses Rennen gewinnen kann. Zu Hause angekommen folgte ein paar Tage später das erste Faschingsfest im August – ein Fest, das eigens für mich veranstaltet und Faschingsfest genannt wurde. Der Kontakt mit den Zeitungen, die vielen Leute, die auf der Straße standen und mich bejubelten – und die Kritiker riefen mir zu: „Ich hab schon immer gewusst, dass aus dem Bub was wird!"

Ich ließ nie Zweifel aufkommen, dass ich es nicht schaffe. Mein oberstes Ziel war immer: das Ziel zu erreichen. Was Sie sich wünschen, werden Sie bekommen, was sie befürchten jedoch ebenfalls. Nach außen hin sagte ich immer, ich will durchkommen, im besten Fall in die Top Fünf. Für mich selber war immer klar, ich will aufs Podium. Und was bin ich geworden? Dritter. Der Wille war derartig stark, dass ich alle Hindernisse, Herausforderungen und Tiefen bewältigen konnte – das allein reichte aus.

Ich habe immer gewusst, woher ich komme und wo ich hingehöre. Deshalb fiel mir die Umstellung zwischen den Weiten Amerikas und meinem Leben in der Heimat nicht schwer. Nie abheben und am Boden der Realität zu bleiben, das war immer mein Credo. Gerade bei einem Rennen wie dem Race Across America, wo ich viele Glücksmomente erleben durfte. Solche Augenblicke, aber auch schwere Zeiten gab es viele. Schließlich steckte hinter jedem Rennen eine eigene Geschichte. Beim ersten war ich Dritter, eine Sensation. Das zweite gewann ich. Irre – ein Traum ging in Erfüllung! Ich dachte mir: „Wenn du das zweite gewinnst, musst du noch einmal hinfahren, ist ja logisch, oder?" Beim nächsten Mal lag ich nach dem ersten Drittel weit abgeschlagen an der letzten Stelle, kämpfte mit der Karenzzeit. Und dann brach ich mir das Schlüsselbein und wurde trotzdem noch Zweiter. Für die Amis eine Riesengeschichte! Der stürzt, bricht sich das Schlüsselbein und fährt das Rennen zu Ende, Dramaturgie pur! Dann fuhr ich noch einmal hin. Die nächste Geschichte: Im Ziel lag ich weniger als eine Stunde hinter dem Sieger. Auf 5.000 Kilometer ist das Wahnsinn! Also beim nächsten Mal Risiko erhöhen, das zahlte sich aus: Ich gewann mit einem Rekordvorsprung von 23 Stunden. Das hat es in der Geschichte des RAAM auch noch nie gegeben. Zwei Jahre später der dritte und somit geschichtsträchtige Triumph. Neben Rob Kish und mir schaffte kein Sportler zuvor drei Siege! Wieder zwei Jahre später der nächste dritte Platz und 2007, am Ende meiner Karriere, der glanzvolle Schlusspunkt mit Rang zwei. Beim achten Rennen holte ich den achten Podestplatz und beendete dort meine Karriere, wo ich sie begonnen hatte. Dieses Rennen hat mein ganzes Leben geprägt und mich in ein neues Berufsfeld gebracht. Der Abschied fiel mir deshalb alles andere als leicht. Es war ein sentimentaler Abschluss eines wichtigen Lebensabschnittes.

„Du schaffst was Du willst!"

„Du schaffst was du willst" ist ein scheinbar simpler Satz, in dem sich aber sehr viel Potential verbirgt. Potential, das ich in diesem Buch erläutern werde. Ich schreibe hier über meine persönlichen Erlebnisse und Erfahrungen, die ich im Laufe meines Lebens als Extremsportler, Familienmensch und Unternehmer sammelte. Meine grundsätzliche Botschaft lautet: Nichts funktioniert von alleine. Um erfolgreich zu sein, müssen Sie Ihren Teil dazu beitragen. Jeder von uns braucht realistische und erreichbare Ziele, die kontinuierlich und konsequent verfolgt werden müssen. Eines der Paradebeispiele gelebter Konsequenz ist für mich einer der bekanntesten Österreicher überhaupt. Er wurde über seine Erfolgsfaktoren befragt. Und er antwortete:

Visionen
Konsequenz und harte Arbeit
positive Lebenseinstellung

Diese Worte stammen von Arnold Schwarzenegger. Der gebürtige Steirer hatte tatsächlich Visionen und verlor seine Ziele nie aus den Augen: Mit 20 wurde er zum Mister Universum gekürt, mit 40 war er einer der bestbezahlten Hollywoodstars, kurz vor seinem 60er wurde er Gouverneur von Kalifornien. Es gibt nur noch einen logischen Schritt auf seiner Karriereleiter: Spätestens mit 80 ist er Präsident der Vereinigten Staaten von Amerika.

Erfolgreiche Menschen fallen nicht einfach so vom Himmel. Es gibt keine Unterteilung in Erfolgreiche und Erfolglose, Sieger und Verlierer. Jeder muss selber für seinen Erfolg arbeiten, manchmal dafür kämpfen. Oft müssen Entbehrungen in Kauf genommen werden. Wieder und wieder wurde ich vor allem nach Extremradrennen mit Tausenden Kilometern und minimalem Schlafpensum mit den Schlagworten „unmenschlich, abnormal, unvorstellbar, extrem" konfrontiert.

Für mich waren die acht Teilnahmen beim Race Across America sowie die Durchquerung Australiens, die Besteigung des Mount Everest keine übermenschliche oder außerirdische Leistung. In meinem Leben sammelte ich 650.000 Radkilometer, das entspricht fünfzehn Mal rund um die Erde. Mein Beruf als Profisportler ist Geschichte und ich habe ihn immer geliebt und als normal empfunden. Auf alle Fälle normaler, als acht Stunden pro Tag hinter einem Schreibtisch zu sitzen.

Als Leistungssportler muss man hundertprozentig fit sein, um absoluten Erfolg zu haben. Aber wie der Volksmund schon sagt, es spielt sich doch alles im Kopf ab! Wenn jemand zum Beispiel nicht ganz bei der Sache ist oder ein verschossener Elfmeter auf die Nervosität zurückzuführen ist. Dieses Buch wird Ihnen helfen, sich Ihr Unterbewusstsein zunutze zu machen. Genau jenen Bereich, der die Körperfunktionen, unser Denken, unsere Gewohnheiten, unser Leben steuert. Immer noch sind wir nicht in der Lage, den größten Teil unseres Gehirns zu nutzen!

Wenn ich nach den Regeln für den Erfolg gefragt werde, decken sich meine Aussagen mit denen meines Landsmannes Arnold Schwarzenegger. Allerdings füge ich einen wichtigen Punkt hinzu: Entwickeln Sie Begeisterung und Leidenschaft für Ihre Vision, und der Weg zu Ihrem Ziel wird Ihnen viel mehr Freude bereiten. Womit ich wieder bei meinem Buchtitel angelangt wäre: „Du schaffst was Du willst!" spielt sich hauptsächlich im Kopf ab. Dreht sich um Ihre Vorstellungen, Gedanken, Träume, Ziele und um die ungenützten Möglichkeiten im mentalen Bereich. Jeder von uns will erfolgreicher werden und ein glückliches Leben führen. Aber: Es wird nicht reichen, Ihre Ziele nur zu verfolgen. Sie müssen Sie auch leben! Wie ein Profisportler, der 24 Stunden am Tag für seinen Sport lebt. Beginnen Sie jetzt damit!

VISIONEN UND ZIELE

Als ich mit dem Radsport begann und zum ersten Mal den Ausdauersportler Franz Spilauer beim Race Across America im Fernsehen sah, war ich fasziniert! Fasziniert von den fast unmenschlichen Leistungen, den Emotionen, dem Abenteuer und von der Dramatik des Rennens! Die Vision vom RAAM setzte sich in meinem Kopf fest und ließ mich in den Folgejahren nicht mehr los. Mein Ziel war es, einmal dort am Start zu stehen. Mit den Betreuern, der Rennatmosphäre – dem ganzen Rundherum. Ich begann dafür zu trainieren, stellte den Radsport auf die oberste Prioritätsstufe, nahm an Wettkämpfen teil und der Erfolg gab mir bald recht. Ich war von Kopf bis Fuß auf das Race Across America und weitere Projekte, die folgen sollten, eingestellt. Es kribbelte von den Zehen bis in die Haarspitzen, wenn ich nur an das RAAM dachte.

In Wahrheit wollte ich nur einmal am Start stehen, im Laufe meiner Karriere wurden es schließlich acht Teilnahmen. Und Jahr für Jahr motivierte ich mich aufs Neue, trainierte immer mehr und immer professioneller fürs nächste Jahr. Meine Karriere neigte sich im Jahr 2007 schön langsam dem Ende zu. Über Jahre hinweg waren mein ganzes Leben und auch mein Tagesablauf dem Sport und dem Training untergeordnet. Am 18. Juni, als ich bei meinem letzten Race Across America als Zweiter das Ziel passierte, beendete ich nach reiflicher Überlegung meine aktive Karriere. Dieser Schritt ist mir gar nicht leicht gefallen, es war ein sentimentaler Abschied, wobei ich mir ein paar Tränen nicht verkneifen konnte. Ab diesem Zeitpunkt fehlte mir aber für den Radsport die Motivation. Fehlen klar definierte Ziele, ist die Konsequenz, dass die Motivation verloren geht, auch wenn ich den Leistungssport etwas über 20 Jahre ausgeübt habe. Es fiel mir immer schwerer, den Preis für den Erfolg im Extremsport, der sehr hoch ist, weiterhin zu bezahlen. Gut, mittlerweile hatte ich in beruflicher Hinsicht andere Ziele, aber erst jetzt merkte ich, wie schwer der Radsport tatsächlich ist. Als Hochleistungssportler darf man nicht abrupt von einem Tag auf den anderen aufhören. Langsam muss der Körper abtrainiert werden. Die Körperfunktionen müssen sich allmählich auf Normalniveau einpendeln. Dessen bin ich mir durchaus bewusst. Aber trotzdem, es fehlte mir am Anfang die Motivation, aufs Rad zu steigen. Bei zweistündigen Trainingsausfahrten tat ich mir schon schwer, nahm dann meist die Abkürzung nach Hause. Lange Jahre war der Radsport Mittelpunkt in meinem Leben. Und plötzlich herrschte Leere in meinen Radsportherzen. Meine Prioritäten hatten sich geändert. Der Sport wechselte vom Lebensinhalt in den Freizeitbereich, bedeutet für mich mittlerweile Ausgleich, mich in der Natur zu bewegen. Neue Ziele, die sich auf das Wirtschaftsleben beziehen, bestimmen seither mein Leben. Ziele, die ich mit der gleichen Konsequenz wie meine drei Siege beim Race Across America erreichen will.

Ich habe mein Ziel, meine Bestimmung erkannt!

Wer hat das erste Feuer entfacht? Wer den für die Schifffahrt so wichtigen Seilzug entwickelt? Und wer die Glühbirne? Die Namen sind unterschiedlich bzw. im Falle der ersten Frage nicht mehr recherchierbar. Aber eines haben alle drei Herrschaften gemeinsam: Getrieben wurden sie von ihrem unbändigen Willen, von einer Vision, etwas entwickeln zu wollen, was unser aller Leben leichter macht. Im Falle der Glühbirne war es Thomas Alva Edison. 1880 reichte er das Basispatent für die erste Glühbirne ein. Der Weg bis dorthin war steinig. Nicht weniger als 10.000 Versuche unternahm Edison, ehe er sein erstes lichterstrahlendes Etwas in Händen hielt. Edison war wie viele erfolgreiche Menschen innerlich getrieben. Vom Drang und der Kraft, die Vision in seinem Kopf umzusetzen. Tausende Versuche blieben erfolglos, er ließ sich aber nie von seinem Weg abbringen.

Meine Erfahrung zeigte mir,
Vorhaben und Ziele immer dann erst preiszugeben,
wenn ich hundertprozentig davon überzeugt bin.
Sie werden sonst den negativen Einflüssen von außen
kaum standhalten können!

Auch mein Weg war steinig. Nicht selten stieß ich an meine Grenzen. In den Kindheitsjahren, als meine Familie von Schicksalsschlägen zerrüttet wurde, oder als ich mit Mitte 20 die Vierfachbelastung Familie, Beruf, Sport und Schule unter einen Hut bringen musste. Meine Freunde vergnügten sich – ihrem Alter gemäß – in Discos und Clubs. Ich ging selten aus, handelte mir damit den Beinamen „Stubenhocker" ein. Mein Leben damals hatte einfach einen anderen Schwerpunkt. Ich wollte um jeden Preis in die Vereinigten Staaten und als zweiter Europäer das längste Radrennen der Welt gewinnen. Im Nachhinein weiß ich, dass ich dieses Ziel nur erreichen konnte, weil ich felsenfest davon überzeugt war. Natürlich traten immer wieder Hindernisse auf, seien es finanzielle, organisatorische oder äußere Einflüsse („Das schaffst du nicht"), die alles andere als motivierend waren. Halten Sie deshalb an Ihren eigenen und persönlichen Zielen fest und glauben Sie dauerhaft daran. Auch, wenn Sie Rückschläge erleiden und immer wieder umfallen. Wie bei Thomas Edison, der die Glühbirne vor seinem inneren Auge leuchten sah und ständig nach neuen Wegen forschte, um seine Vision in die Realität umzusetzen. Sie kennen das Sprichwort: Umzufallen ist keine Schande, nur liegen zu bleiben! Sie müssen immer ein Argument mehr finden, warum es sich auszahlt

weiterzumachen. Viele Menschen lassen sich von Problemen, die auf dem Weg zur Zielerreichung auftreten, ablenken. Die Kunst ist es, den richtigen Weg dorthin zu finden
und konsequent zu verfolgen.

Um an Ihr Ziel zu gelangen, können Sie oft äußere Umstände nicht ändern. Wenn es zum Beispiel regnet, kann
ich ihn nicht einfach so abstellen. Meine Möglichkeit ist es,
die Situation positiv zu sehen: „Ich habe genug Regen-
kleidung. Jeder muss damit leben, es ist für alle gleich. Bei
schlechten Bedingungen bin ich ohnehin stärker." Geben
Sie den Dingen eine neue Bedeutung, ändern Sie Ihre
Einstellung.

Besser, Sie nehmen sich weniger vor
und setzen das tatsächlich auch in die Tat um!

Ziele setzen, Ziele erreichen sind mittlerweile fast zu oft
verwendete Schlagworte, die keine Wirkung mehr zeigen.
Diese Worte liest man beinahe in allen Unternehmens-
leitsätzen. Und die Einzigen, die sich um die konsequente
Erreichung der Ziele bemühen, sind meist nur die
Firmenbosse selbst...! Für mich hat dieser Satz aber eine
elementare Bedeutung und beinhaltet folgende Kernaus-
sagen: Ziele setzen ist von enormer Wichtigkeit. Die Frage
ist nur wie viele! Setzen Sie sich weniger Ziele. Gehen Sie
nicht her und planen Sie heute abzunehmen, morgen
mit dem Rauchen aufzuhören, übermorgen Millionär zu
werden und nächste Woche den Weltfrieden bringen zu
wollen. Das wird mit Sicherheit nicht funktionieren.

Formulieren sie realistische Ziele, die Sie auch erreichen können. Bei mehreren Zielen setzen Sie Prioritäten. Zum Beispiel, wenn Sie abnehmen wollen: Sortieren Sie den Kühlschrank neu und stellen Sie Ihre Essgewohnheiten um – weg von kalorienreichen Zwischendurchsnacks, hin zu ausgeglichener Obst- und Gemüsezufuhr. Kaufen Sie gezielt und bewusst ein. Besorgen Sie sich Laufschuhe oder sonstiges Sportequipment und machen Sie ein- bis zweimal pro Woche Bewegung. Natürlich werden Sie am Beginn dieser Umstellungsphase Zeiten erleben, wo Sie am liebsten die Laufschuhe gegen die Wand werfen würden. Wenn sich innerhalb kurzer Zeit kein Erfolg einstellt, wenn sich der Zeiger der Waage einfach nicht vom Fleck rührt und dadurch die Lust nachlässt. Fallen Sie nicht um! Verlassen Sie nicht den eingeschlagenen Weg! Es sind oft die kleinen Schritte, die Sie weiterbringen. Die manchmal auch über den steinigen Weg führen. Nichts fällt Ihnen einfach so in den Schoß, Erfolge kommen nicht von ungefähr, oft müssen Sie hart dafür arbeiten! Wenn Sie ein Ziel auserkoren haben, sollten Sie folgende Fragen für sich beantworten:

- **Was will ich genau?**
- **Wann will ich es?**
- **Wieviel will ich?**

Wir finden immer mehr Gründe, etwas nicht zu tun,
als es zu tun!

Jeder von uns hat heute Visionen und Ziele, morgen neue und übermorgen wieder neue. Die Folge ist, dass sich immer mehr Ziele und Wünsche einstellen, doch keines lässt sich erreichen, Sie haben sich womöglich zu viele Ziele vorgenommen. Ein Ziel wird vom nächsten verdrängt. Dadurch besteht die Gefahr, dass Sie sich selbst überfordern. Nehmen Sie sich deshalb weniger vor und setzen Sie dies aber konsequent um. Ein probates und sehr einfaches Mittel ist das Niederschreiben von Zielen. Sie benötigen bloß einen Zettel und beginnen, ihre kurz-, mittel- und langfristigen Ziele handschriftlich zu formulieren. Was mache ich nächste Woche, was nächstes Jahr und wo stehe ich in zehn Jahren? Sie können ruhig ausführlich Ihre Visionen niederschreiben, drei bis vier Seiten. Als ich diese abgeleitete „Hull"-Technik zum ersten Mal praktizierte, saß ich eine halbe Stunde vor dem leeren Zettel und dachte über meine Ziele nach. Danach sprudelte es und ich schrieb vier Seiten voll. Nach ein bis zwei Wochen redigierte ich meine Wünsche und fasste sie auf rund eineinhalb Seiten zusammen. Schreiben Sie Ihre Ziele über einige Wochen hinweg immer wieder auf. Handschriftlich, nicht in den Computer tippen! Wenn Sie Ihre Visionen und Ziele immer wieder niederschreiben, bekommen Sie eine bessere Identifikation damit. Wenn Sie über Ihre Ziele nur nachdenken und sie nicht verinnerlichen, werden diese schneller in Vergessenheit geraten. Diese Methode ist eine Art der selbsterfüllenden Prophezeiung. Wenn Sie Ihre Träume und Visionen Tag für Tag niederschreiben, ist die Wahrscheinlichkeit sehr groß, dass sie eintreten werden!

Der Reiz der Ziele

Ich habe meine Ziele bisher fast immer erreicht, weil ich bis in die letzte Faser meines Herzens damit infiziert war. Und genau das fehlt vielen Menschen! Wenn ich etwas erreichen will, muss ich hundertprozentig davon überzeugt sein! Natürlich absolvierte ich Trainingseinheiten bei Schnee und Regen, aber am Horizont sah ich immer, wie ich mein Projekt umsetze. Die Begeisterung und den Spaß daran ließ ich mir auch durch Minusgrade und kalte Zehen nicht nehmen! Im Laufe meiner Karriere hatte ich unglaublich viele Visionen, die aber wegen des fehlenden Reizes nicht immer zum Ziel wurden und in einer Schublade verstaubten. Ich durchquerte Australien mit dem Rad, ebenso Amerika acht Mal. Ursprünglich wollte ich alle fünf Kontinente mit dem Rad durchqueren, aber es wurde nie zu einem konkreten Ziel. Es fehlte einfach der Reiz. Wenn mich heute Leute fragen, warum ich zum Beispiel nie durch Asien oder Afrika gefahren bin, antworte ich: „Ich habe keine Ahnung. Es war einfach nicht reizvoll!"

Menschen können nur glücklich und zufrieden sein,
wenn sie es sich bewusst vorgenommen haben!

Kurz-, mittel- und langfristige Ziele

Wie allseits bekannt, gibt es drei Arten von Zielen:

- **Kurzfristige** – ein bis zwei Wochen
- **Mittelfristige** – ein halbes bis zwei Jahre
- **Langfristige** – fünf bis sieben Jahre

Kurzfristige Ziele sind für die nächsten Tage oder Wochen gedacht oder sogar nur für ein ganz bestimmtes Ereignis. Die Ziele sollten immer klar und spezifisch sein: Morgen laufe ich zehn Kilometer, am Wochenende erhole ich mich in einer Therme, unternehme mit meiner Familie eine Bergtour. Sie brauchen viele kleine, kurzfristige Erfolge, um Motivation für größere und schwierigere Ziele aufrechtzuerhalten. Und ist der Erfolg auch noch so klein, er stärkt das Selbstbewusstsein und hebt unser Selbstvertrauen. Bekannt kommt uns das aus dem Fußball vor. Wenn ein Fußballer nach einem Spiel meint: „Das Tor gibt uns Selbstvertrauen für das nächste Match."

Mittelfristige Ziele erstrecken sich über einen Zeitraum von bis zu zwei Jahren und sollten schriftlich festgehalten werden. Für mich persönlich war dieses Buch, das Sie in Händen halten, ein mittelfristiges Ziel. Ein Sportler baut seine Jahresplanung um Saisonhöhepunkte auf, Urlaube sind für jeden von uns mittelfristige Highlights, die geplant werden müssen.

Die langfristigen Ziele sind jene, die die komplette Lebens- oder Berufsplanung betreffen: Ob Sie ein Haus bauen, eine Familie gründen oder Ihr eigenes Unternehmen entwickeln wollen. Diese langfristigen Ziele sollten Sie wie vorhin in der „Hull"-Technik beschrieben handschriftlich niederschreiben. Große Vorhaben können Sie nur über die kurz- und mittelfristigen Ziele erreichen. Verwenden Sie diese, um Motivation zu tanken und Ihren Fortschritt zu kontrollieren. Mein bisheriges Leben war von einigen großen Zielen geprägt: vom Sport, meiner Familie und dem Berufsleben nach der Karriere. Ab 1988 war das Race Across America meine erste langfristige Vision im Sportbereich. Tag für Tag, Woche für Woche, Monat für Monat und Jahr für Jahr brachte ich mich durch Training und Wettkämpfe dem Ziel ein Stückchen näher. Ich steigerte kontinuierlich die Trainingsumfänge und die Zahl der Wettkämpfe. Startete zuerst bei kleineren Rennen und holte mir dort Erfolgserlebnisse und Motivation durch Siege. Diese kleinen Highlights speicherte ich im Unterbewusstsein ab. Von diesen Erfolgen konnte ich mir ständig neue Kraft holen und das Bewusstsein, dass ich es kann. Vor einigen Jahren begann sich eine weitere Vision in meinem Kopf zu manifestieren: meine Erfahrungen und Erlebnisse anderer Menschen weiterzugeben. Aus kleinen Diavorträgen entwickelte ich Seminare für namhafte Unternehmen und Institutionen im deutschsprachigen Raum. Mein langfristiges Ziel in diesem Bereich: Anderen Menschen meine Erfahrungen weiter zu geben.

Sie müssen das Unmögliche fordern,
um das Mögliche zu erreichen.

Meist genügt es nicht, Ihre Ziele nur zu formulieren und niederzuschreiben. „In zwei Jahren bin ich Millionär" funktioniert nicht. Es liegt an Ihnen, die kurz-, mittel- und langfristigen Ziele auf eine Linie zu bringen und konsequent zu verfolgen. Den Weg, die Geschwindigkeit und die Strategie müssen Sie selbst bestimmen. Und klammern Sie das Unrealistische aus! Wenn Sie als Einzelhandelskaufmann ein gut gehendes Geschäft haben, denken Sie nicht daran, in zwei Jahren Microsoft ein feindliches Übernahmeangebot zu stellen! Ich für meinen Teil wollte immer das Race Across America bestreiten und hätte keine Tour de France gewinnen können. Ein Wolfgang Fasching ist kein Lance Armstrong. Meine Fähigkeiten liegen im extremen Ausdauerbereich und nicht im klassischen Radrennsport – zwei komplett unterschiedliche Disziplinen – das habe ich schon in frühen Jahren erkannt!

Machen Sie Ihre Ziele mess- und greifbar. Ihr Gehirn liebt Konkretes, also liefern Sie ihm Zahlen! Wenn Sie sagen, ich möchte reich werden, dürfen Sie sich mit dem Satz alleine nicht begnügen. Oder wenn Sie abnehmen wollen, gehört mehr dazu, als sich zu sagen: „Ich will einige Kilo abspecken!" Überlegen Sie sich, welchen Aufwand Sie dafür in Kauf nehmen. Definieren Sie zum Beispiel einen Geldbetrag, den Sie im ersten Monat verdienen wollen, dann im zweiten Jahr, im dritten, in den ersten fünf Jahren. Überlegen Sie genau, was Sie alles bereit sind, für diese Summe zu tun, und stellen Sie sich die Frage, ob Sie realistischerweise mit dem eingesetzten Aufwand dieses Ziel erreichen können. Oder wenn sie abnehmen wollen: Setzen Sie sich eine Zeitspanne, innerhalb welcher Sie die gewünschten Kilos verlieren wollen. Geben Sie sich nicht mit mäßig erreichten Zielen zufrieden – wie: „Bin eh schon auf 61 statt den geplanten 60 Kilogramm! Das reicht doch!" Überprüfen Sie genau die Fortschritte und seien Sie beharrlich. Dann werden sich die gewünschten Resultate auch einstellen.

Raus aus der Komfortzone!

Im Jahr 2004 erfüllte ich mir einen lang gehegten Wunsch: Ich bestand die Prüfung zum Hubschrauberpiloten. Während der dreimonatigen Ausbildung studierte ich einen Stapel an Büchern und saß rund 40 Stunden mit meinem Lehrer im Helikopter. Nach abgeschlossener Ausbildung buchte ich weiterhin Stunden bei meinem Fluglehrer. Ich wollte meine Flugkünste und meine Stabilität in der Luft weiterentwickeln. In dieser Zeit blieb mir eine Situation besonders hängen: Ich saß im Helikopter und steuerte geradeaus. Irgendwie kam ich mir vor wie ein pensionierter Sonntagsfahrer mit Hut – ich flog vorsichtig, nicht zu schnell, keine steilen Kurven, näherte mich wegen der verschiedenen Windverhältnisse keinem Berg.

Mit der Zeit wollte ich meine fliegerischen Fähigkeiten erweitern und wurde neugierig auf neue Manöver. Ich fragte meinen Lehrer: „Was passiert, wenn ich bei hoher Geschwindigkeit den Steuerknüppel stark nach links oder rechts drücke?" Er hat lediglich geantwortet: „Probier es einfach aus!" Und ich bewegte den Knüppel etwas vorsichtig, aber doch übers gewohnte Maß hinaus zuerst nach links und dann nach rechts. Der Hubschrauber reagierte prompt mit starken Manövern, die mich richtig in Angst versetzten.

All die dicken Theoriebücher konnten mir nicht das vermitteln, was das Fliegen eigentlich ausmacht: Freiheit! Mir wurde klar, ich hatte die Komfortzone verlassen. Durch die

Übung bringen mich diese Manöver heute nicht mehr aus der Komfortzone. Um sich, in welchen Bereichen auch immer, zu verbessern, müssen Sie bereit sein, kalkuliertes Risiko einzugehen und die Komfortzone verlassen.

Die meisten Menschen wollen nur das, was sie können.
Sie sollten aber das können, was sie wollen!

Die Komfortzone beschreibt einen Sicherheitsbereich, der selten verlassen wird. Dieser Bereich, wie zum Beispiel ein Bürojob, den man 20 Jahre lang ausübt, oder eine Beziehung, die 30 Jahre lang dauert, ist nicht unbedingt negativ zu bewerten. Aber jeder von uns will sich in seinem Leben weiterentwickeln. Nur wenn man ab und an mal ausbricht, kommt man weiter. Ein sehr gutes Beispiel aus dem Ausdauersport hierfür sind die Pulsbereiche: Es gibt die aerobe Schwelle, die sich meist zwischen 120 und ca. 150 Pulsschlägen pro Minute befindet. Trainiert ein Sportler immer nur zwischen diesen Werten, wird er immer nur Mittelmaß bleiben. Um schneller laufen zu können, muss der Sportler diese Bereiche überschreiten. Wichtig dabei ist nur, dass er diesen Bereich nicht permanent überzieht, sondern immer wieder in den ursprünglichen Bereich zurückkehrt und auf die Erholung achtet. Bewegen Sie sich permanent außerhalb der Komfortzone, führt das im Alltagsleben zu Stress, Überforderung und im schlimmsten Fall zu Burn-Out. Im Sportlerleben ins klassische Übertraining …

„Eine Idee muss Wirklichkeit werden können,
oder sie ist nur eine eitle Seifenblase."

Berthold Auerbach

Bleiben Sie nicht stehen, entwickeln Sie sich immer weiter. Machen Sie Fortbildungen! Als sich das Ende meiner Karriere mehr und mehr anbahnte – das begann vor rund zwei Jahren – kreisten die ersten Gedanken über die Zeit nach dem Radsport in meinem Kopf herum. Ich wusste schon damals, dass mich meine Ziele und Visionen in den Vortrags- und Seminarbereich führen. Seit einigen Jahren besuche ich Fortbildungskurse, habe eine Ausbildung beim wohl bekanntesten Rhetorik- und Schlagfertigkeitstrainer im deutschsprachigen Raum, Matthias Pöhm, absolviert. 2009 schloß ich das Studium zum akademischen Mentalcoach und Lebens- und Sozialberater ab. Auch ich will mich weiterentwickeln und sehe positiv und optimistisch in die Zukunft! Täglich visualisiere ich meine Ziele: Stelle mir vor, wie ich Sportgrößen mental unterstütze und wie ich Persönlichkeiten fördere!

Nicht um jeden Preis!

Wie sehr sind Sie bereit, sich zu fordern, um ein Ziel zu erreichen? Wie sehr sind Sie bereit, den Aufwand, der auf dem Weg zur Zielerreichung auf Sie zukommt, in Kauf zu nehmen und zu akzeptieren? Wir sollten uns bewusst sein, dass jede Umsetzung von Zielen mit Aufwand verbunden ist. Als ich mit meinem Mental-College in Bregenz, einem

44

Universitätslehrgang, im Oktober 2006 begann, wusste ich nicht, was da tatsächlich auf mich zukommt. Das Studium ist in Wochen-Module gegliedert. Bei der ersten Informationsveranstaltung wurde uns Studenten erläutert, was auf uns zukommt. Ich habe das leichtfertig abgetan und schlicht und einfach unterschätzt: „Das wird schon nicht so schlimm!" Der Aufwand war in den Folgemonaten tatsächlich enorm. Wenn ich vor dem Studium geahnt hätte, was mich erwartet, wäre mir vielleicht der Preis dafür zu hoch gewesen. Aber in meinem bisherigen Leben blieb ich meinem Leitsatz immer treu: Bin ich am richtigen Weg, mache ich das auch fertig, was ich angefangen habe.

Die größte Vision macht keinen Sinn,
wenn man sie nicht in die Tat umsetzen kann.

Meine ersten drei Teilnahmen beim Race Across America waren von Euphorie geprägt: Bei meiner Premiere Rang drei und der Gewinn der Rookie-Wertung, danach der Sieg und 1998 der zweite Platz trotz Schlüsselbeinbruchs. Von Rennen zu Rennen wurde ich durch Erfolge, aber auch Niederlagen routinierter. Ich konnte immer besser einschätzen, was da in Amerika auf mich zukommt. Ab der Halbzeit meiner Karriere spielte sich in der Anfangsphase des RAAM jeweils das gleiche Szenario durch: So ungefähr 300 Kilometer nach dem Start ließ ich mir Gedanken durch den Kopf gehen, was in den folgenden sieben bis acht Tagen auf mich zukommen wird. Ich stellte mir die einfache Frage: Ja oder Nein? Will ich das Rennen bestreiten oder nicht? Bin ich bereit, den Preis zu bezahlen? Ich habe diese Frage immer mit einem Ja beantwortet und ein Nein nie zugelassen. Die Folge eines Neins hätte unwillkürlich die Aufgabe zur Folge gehabt. Ich überstand die Anfangs- phasen aller meiner Projekte und zog sie mit vollem Ein- satz durch. Ab diesem Zeitpunkt ließ ich auch keine negativen Gedanken mehr zu. Viele Gegner stiegen nach 2.000 oder 3.000 Kilometern vom Rad. Für mich undenk- bar, abgesehen von gröberen äußeren Einflüssen, wie Stürzen, Krankheiten etc. Wenn ich 2.000 Kilometer weit gekommen bin, dann werde ich auch die restlichen 3.000 schaffen! Sie müssen den Mut aufbringen, auch wenn viel von Ihnen abverlangt wird, Nein zu sagen. Geben Sie sich nicht damit zufrieden, so lange abzuwarten, bis etwas eini- germaßen läuft. Wenn sich Ihre innere Stimme gegen ein Vorhaben wehrt, wenn es Sie blockiert, dann haben Sie den Mut und das Risiko zu sagen: „Es ist genug." Der Preis, der Einsatz ist zu hoch!

Der chronologische Leitfaden zum Erfolg:

- **Erkennen Sie Ihre Stärken**
- **Finden Sie Ihre Ziele, die Sie selbst formuliert haben**
- **Ihre Ziele müssen realistisch sein**
- **Arbeiten Sie konsequent und ehrgeizig daran**
- **Ignorieren Sie äußere negative Einflüsse, es werden immer Höhen und Tiefen auftreten**
- **Denken Sie positiv und kontrollieren Sie Ihre Ziele**
- **Feiern Sie Erfolge**

MENTALE STÄRKE

Wenn jeder von uns zurückblickt auf sein Leben, dann wird er auf Ereignisse und Situationen stoßen, die gut oder weniger gut verlaufen sind. Jeder von uns wird stolz sein auf gewisse Leistungen. Die Triebfeder, die wir benötigen, um diese zu vollbringen, nennt sich Motivation. Sie ist die Energie, die wir zur Verfügung haben oder zur Verfügung stellen wollen, um bestimmte Ziele zu erreichen. Damit dieser Energiestrom auch zu fließen beginnen kann, ist es ganz besonders wichtig, dass die Zielfrage geklärt ist. Die Ziele sollten daher klar, realistisch und schrittweise erreichbar sein. Angetrieben wird die Energie vom Motor, dem Beweggrund, dem so genannten Motiv.

Abhängig ist die Motivation von der Persönlichkeit, von den Anreizbedingungen, der Attraktivität des Ziels bzw. der Aufgabenlösung und von der Erfolgserwartung. Die Persönlichkeitsstruktur – etwa mit dem inneren Drang, Leistung zu erbringen, als besonderes Merkmal – ist teilweise angeboren. Diese Leistungsorientierung eines Menschen kann sehr stark oder sehr schwach ausgeprägt sein. Ist sie schwach ausgeprägt, wird es wichtig sein, über verschiedenste Anreize Energie zu finden, wie zum Beispiel durch abwechslungsreiche, attraktive Aufgaben. Die Erfolgserwartung sollte in jedem Fall hoch sein, daher ist es auch wichtig, dass Sie sich mit klaren und realistischen Zielen auseinandersetzen und nicht in grenzenlosen Träumen schwelgen.

Motivation bringt uns weiter. Motivation ist die Ursache, dass wir aus unserer Komfortzone ausbrechen und uns in die Lernzone begeben, neue körperliche und geistige Erfahrungen sammeln und dadurch unsere Komfortzone erweitern. Motivation bringt Sie dazu, sich über Wochen und Monate für einen Marathon vorzubereiten, Motivation brachte mich dazu, die „Seven Summits" zu bezwingen.

Motivation ist nicht mentale Stärke.
Aber ohne Motivation gibt es keine mentale Stärke.

Die Macht der Gedanken

Mal ehrlich: Wie oft haben Sie nach Sportveranstaltungen, ob live oder im Fernsehen, schon Aussagen gehört wie „Es spielt sich alles im Kopf ab" oder „Heute war ich gut drauf" oder auch „Es ist heute alles so einfach gegangen". Oft habe ich mir die Frage gestellt, was sich im Kopf abspielt, oder warum man besser oder schlechter drauf ist, oder wann und warum alles so einfach geht. Wir erleben es im Sport zwar nicht ständig, aber in regelmäßigen Abständen, dass ein Könner in entscheidenden Situationen scheitert und ein anderer, ein Außenseiter vielleicht, Gold holt. Erinnern Sie sich an die Fußball-WM 1994. Damals trafen die italienischen Superstars Roberto Baggio und Franco Baresi im finalen Elfmeterschießen gegen Brasilien mit ihren Strafstößen die Wolken. Oder blättern Sie nach im Curling-Finale der Olympischen Winterspiele 2010 in Vancouver. Die Kanadierin Cheryl Bernard spielte ein sensationelles Match, doch mit ihren letzten Steinen, einer im letzten „end", ein weiterer in der Verlängerung, vergab sie den Sieg der Gastgeberinnen.

Was geht in solchen Momenten in den Superstars des Sports vor? Warum fehlt es ihnen zuweilen an der mentalen Stärke, an den „Nerven"? Können wir mentale Stärke trainieren wie einen Muskel oder haben wir sie mit unseren Genen mit erhalten, einer mehr, einer weniger?

Wie wir unsere Ausdauer- oder Sprintleistung oder unsere Kraft trainieren können, können wir uns auch mentale Stärke antrainieren. Psychisch stärker werden heißt für mich, die Qualität unseres Denkens zu verbessern und es positiv – oder wenn schon positiv, dann positiver – zu gestalten. Mentale Stärke führt letztlich zu einer positiven Lebensgestaltung.

Auch auf die Gefahr, dass ich einige Klischees bediene: Machen wir uns doch nichts vor. In der heutigen Zeit ist für jeden von uns das Glas entweder halbleer oder halbvoll. Es gibt jene, die voraussehen, dass es bald ganz leer sein wird. Sie sind gefangen in ihrem Grübelkreislauf, lassen sich von Schwierigkeiten und Hürden auf ihrem Weg zum Erfolg demotivieren und mental nach unten ziehen. Das schaffe ich nie, sagen sie sich, diese Aufgabe ist zu groß für mich, ich bin nicht gut genug. Und es gibt jene, denen bewusst ist, dass noch einiges zu tun ist auf dem Weg an die Spitze, die jedoch von einem halbvollen Glas angespornt werden. Diese sagen sich: Das wird jetzt sehr interessant, wie ich mit dieser oder jener Herausforderung umgehe, aber ich weiß, dass ich es schaffen werde. Und fügen vielleicht, mit einem inneren Grinsen, hinzu: Wenn nicht ich, wer sonst?

Wohl jede Sprache kennt den Satz: Es gibt keine Probleme, nur Herausforderungen. It's not a problem, it's a challenge. Non esistono problemi, solamente sfide. Und dass im chinesischen Wort für Krise auch das Symbol für Chance steht, wissen Sie wahrscheinlich auch schon.

Doch zurück zur mentalen Stärke als Ansatz einer positiven Lebensgestaltung. Was wir wollen, ist unsere Gedanken, Wünsche, Träume in die Tat umzusetzen. Aber Achtung. Ich muss schon wissen, was auch realistisch umgesetzt werden kann. Wenn ich 100 kg wiege, werde ich kaum in der Rhythmischen Sportgymnastik reüssieren. Wenn ich ein 48-kg-Persönchen bin, ist Sumo-Ringen nicht ganz das meine. Und es hilft mir auch nicht weiter, wenn ich mir vornehme, in einem Monat einen Marathon zu laufen, aber bis zum heutigen Tag kein einziges Training absolviert habe. Nehme ich mir aber vor, diesen nach gezielter Vorbereitung zu absolvieren, klingt mein Vorhaben realistischer.

Es sind wir selbst, mit unseren Gedanken, die sich auf den Weg machen können, den inneren Schweinehund zu besiegen, und wieder einmal in Laufschuhen vor die Tür treten. Es sind wir selbst, mit unseren Gedanken, die sich ein großes sportliches Ziel vornehmen und diesem Tag für Tag aufgrund des Trainings und der Lebenseinstellung näher kommen.

Wir Menschen sind das Produkt unserer Gedanken. Diese beeinflussen unsere Worte, unsere Taten, unseren Charakter. Je höher also die Qualität der Gedanken, desto höher die Qualität des Lebens!

Qualität beinhaltet für mich die positive Herangehensweise an eine Situation. Negative Gedanken haben keine Qualität, sie sind schädlich wie ein Krebs (weil sie sich weiter und weiter verbreiten) und unnötig wie ein Hautausschlag (weil sie auch jucken und man an ihnen kratzt). Mentale Stärke setze ich gleich mit der Kraft der eigenen positiven, realistischen Gedanken, das Leben aktiv nach meinen Vorstellungen zu gestalten.

Wir alle wissen: Mentale Stärke allein läuft keinen Marathon. Das Training für die 42,195 km ist auch nicht gerade ein leichtes Unterfangen. Es gehört Selbstdisziplin dazu und Ausdauer. Leicht treten in der Phase der Vorbereitung Unsicherheiten auf, gar Momente der Verzweiflung, wenn die vorgenommenen Teilaufgaben unmachbar erscheinen und deswegen das angestrebte zeitliche Ziel beim Rennen in weite Ferne rückt. Doch es gibt Strategien, Widerstände zu brechen und Grübelkreisläufe zu überwinden. Hören Sie auf Ihren Körper. Wenn das angestrebte Trainingsziel, beispielsweise 15 km Dauerlauf, nicht machbar erscheint, weil Sie sich nach 5 km bereits ausgelaugt fühlen, dann machen Sie ruhig mal einen oder auch zwei Tage Pause. Regeneration ist ein wichtiger Teil des Trainings und der Motivation, wenn Sie am Ziel festhalten. Wenn Sie beruflich unter Stress stehen und Ihnen die Trainingsläufe so gar nicht in den Wochenablauf passen, dann setzen Sie Prioritäten und gehen eben nicht vier- oder fünfmal, sondern ein- oder zweimal laufen. Doch das, was in die eine Richtung gilt, gilt auch in die andere: Wenn Sie sich gut fühlen, laufen Sie doch ein bisschen länger. Wenn es sich zeitlich ausgeht, legen Sie noch eine zusätzliche Trainingseinheit ein. Das Unterbewusstsein wird jedes noch so kleine Erfolgserlebnis speichern – die zusätzlichen zwei Kilometer, die Sie vorgestern gelaufen sind, das erfolgreiche „Beißen" im heutigen Training. Und es wird sich morgen und übermorgen daran erinnern, Sie mit Sicherheit und Selbstvertrauen belohnen!

Alle Maßnahmen und Verhaltensweisen auf dem Weg zum Ziel sollen Freude und Spaß am Tun auslösen. Genießen Sie jeden Augenblick des Handelns und holen Sie sich Ihre Verstärker bereits auf dem Weg zum Ziel. Bereits beim Erreichen kleiner Teilziele sollten Sie selbstverbalisierende Verstärker wie Lob und positives Zureden anwenden, um diese „Etappensiege" abzusichern. Überwundene Hindernisse auf dem Weg zum Ziel wie Verletzungen, Krankheit, Rückschläge etc. fördern den Energiestrom, da das Gefühl der Konfrontation mit Herausforderungen das Selbstwertgefühl erhöht. Daher können Sie nur die Strategie verfolgen, Probleme und Herausforderungen nicht zu vermeiden, sondern anzunehmen.

Vernachlässigen Sie nicht Ihre Ruhephasen, doch denken Sie daran: Den Rahmentrainingsplan, den Sie (allein oder mit Ihrem Trainer) erstellt haben, müssen Sie einhalten. Er ist wie ein Vertrag, den Sie mit sich selbst abgeschlossen haben. Und den wollen Sie brechen?!

Spätestens dann, wenn Sie einen Trainingsplan ausgearbeitet haben, wenn Sie sich Ziele gesetzt haben – die Teilnahme an einem Halbmarathon, an einem Radrennen, an einem Triathlon –, sollten Sie für sich selbst das Wort „Erfolg" definieren. Jetzt gehen wir davon aus, dass Sie den Wettbewerb, zu dem Sie sich eingeschrieben haben, eher nicht gewinnen werden. Wie lautet dann Ihr persönliches Ziel? Welchen Rennausgang werden Sie für sich persönlich als Erfolg verbuchen? Ein Platz unter den ersten zehn, unter den ersten 1.000, eine neue persönliche Bestleistung, eine Zeit unter einer oder zwei Stunden, einfach nur ankommen – dies alles und noch viel mehr kann für Sie persönlich ein Erfolg sein.

Doch belassen Sie es nicht dabei, sich einfach ein Ziel zu setzen – meinen nächsten Halbmarathon laufe ich unter 1:50 Stunden –, sondern befassen Sie sich während des Trainings und mehr noch während des Rennens damit, wie es sein wird, wenn Sie Ihr persönliches Ziel erreicht haben. Stellen Sie sich bildlich vor, wie Sie auf die Zielgerade einbiegen, in hundert Meter Entfernung die Anzeigetafel sehen, und die tickende Zeit: 1:48:00 – und Sie Gewissheit erlangen, dass Sie es schaffen werden. Sehen Sie sich zu, wie Sie die Arme in die Höhe reißen, wenn Sie über die Ziellinie sprinten, und hören Sie die Zuschauer applaudieren. Hören Sie Tina Turners Stimme aus dem Lautsprecher, wenn die Pop-Diva schmettert: „You're simply the best." Sie lächeln, überwältigt von Endorphinen, während Ihnen die Hostess Ihre Erinnerungsmedaille um den Nacken hängt. Riechen Sie Ihren Schweiß, und freuen Sie sich auf die Dusche. Erleben Sie Ihren persönlichen Erfolg in größtmöglicher Detailtreue bereits zuvor. Und versichern Sie sich selbst: Er wird eintreten!

Ansprüche von innen, Umstände von außen

Mentale Stärke ist gut und schön und wichtig. Gleichzeitig wissen wir, dass unsere Gedanken, so positiv und heroisch sie auch sein mögen, von äußeren Umständen und Rahmenbedingungen beeinflusst werden. Und das Kreuz an dieser Sache ist: Es ändern sich unsere Gedanken, aber nicht die Umstände. Es ist mir nicht bekannt, dass sich die endlosen Geraden beim Race Across America verkürzt hätten, weil ich es so wollte. Oder dass es zu regnen aufhörte, weil Sie jetzt raus zum Training mussten.

Was wir also ändern müssen, ist unsere Einstellung zu gegebenen Situationen. Bleiben wir beim Wetter, einem unserer Lieblingsthemen. Doch was bringt es, wenn wir uns darüber echauffieren? Wir können Regen oder Hitze von oben nach unten und zurück diskutieren – wir können das Wetter trotzdem nicht ändern. Was uns jedoch weiterhilft, ist eine neue Bewertung der Situation. Dazu muss ich eine positive innere Einstellung aufbauen und ein positives Selbstgespräch führen.

Nehmen wir an, dass Sie trainieren wollten, aber gerade ein Wolkenbruch niedergeht und der Wetterbericht für die nächsten zwei Tage nichts Gutes verheißt. Ehe Sie sich ärgern und in einen Grübelkreislauf verfallen – wenn ich heute und an den nächsten Tagen nicht trainieren kann, werde ich meine Ziele im Rennen nicht erreichen. Wenn ich nicht in der mir vorgegebenen Zeit laufe, mache ich mich zum Gespött bei meinen Freunden usw. –, sollten Sie die Situation umbewerten und sich sagen: Das ist ja positiv, dass es einmal regnet. Bei diesem schlechten Wetter kann ich endlich shoppen – ohne Stress und ohne den Gedanken, etwas zu versäumen. Oder Sie motivieren sich über die alte Läuferweisheit, dass es nur unpassende Kleidung, aber kein unpassendes Wetter gibt – und gehen für eine kurze Laufeinheit vor die Tür. Oder Sie genießen bewusst den trainingsfreien Tag – Regeneration gehört auf dem Weg zum Erfolg allemal dazu!

Schlechtwetter am Tag des Wettbewerbs ist eine andere Art der Herausforderung. Denn an diesem Tag können Sie sich nicht hinter dem Ofen verkriechen. Sie müssen raus, Sie haben sich angemeldet, und Sie haben Ziele. Wie im Beispiel zuvor bewerten Sie die Situation um. Sie sehen, dass es regnet, und sagen sich: Ich habe mich so lange auf dieses Rennen vorbereitet, Regen hin oder her – ich werde trotzdem gut laufen. Zudem regnet es ja für alle und nicht nur für mich, wir haben alle die gleichen Voraussetzungen. Regen ist ja prinzipiell positiv, steht für Leben und Energie. Und besser ein bisschen Regen als Hitze – ich habe ja keine Lust, mehr an den Labe-Stationen zu stehen, als zu laufen!

Die Rahmenbedingungen waren und sind auch für mich im Laufe meiner sportlichen Karriere immer wieder ein Scheidepunkt zwischen Sieg und Niederlage. Das Race Across America führt durch den Bundesstaat Kansas, und dieser ist bekannt für seine unendlich scheinenden Getreide- und Weideflächen. Dort gilt es, Streckenabschnitte zu bewältigen, die endlos gerade verlaufen. Vielleicht hat man Glück. Dann sieht man am Horizont eine Getreidemühle als einzigen Orientierungspunkt. Und doch scheint es, als würde diese Mühle um nichts näher kommen – egal, wie schnell man fährt. Und dann, endlich, das Highlight des Tages: Nach mehreren Stunden Fahrt erreiche ich diese Mühle, es folgt eine Linkskurve hinter dem Gebäude, dann sofort wieder eine Rechtskurve – und dann verschwindet die Straße, diese endlose Gerade, wieder am Ende des Horizonts. Vielleicht habe ich wieder Glück, und es erscheint die nächste Getreidemühle als neuer Anhaltspunkt …

Da ich dieses Rennen insgesamt acht Mal absolviert habe, weiß ich schon von vornherein, was mich im Bundesstaat Kansas erwartet.

Ich habe zwei Optionen. Ich bräuchte das Rennen erst gar nicht beginnen. Ich könnte mir sagen, dass diese besondere Gerade ja nie ein Ende nehmen wird, dass ich diese verdammte Getreidemühle ja nur erreiche, um danach genauso weiterstrampeln zu müssen wie zuvor. Es wäre eine Verschwendung meiner Energien. Meinetwegen, wie gesagt, wird sich die Gerade nicht auf ein für mich angenehmes Maß verkürzen. Oder ich ändere meine Einstellung. Es ist nämlich viel hilfreicher, in solch einer Situation für sich selber die positiven Aspekte zu lokalisieren und diese in einen glaubhaften inneren Text zu verpacken. Beim RAAM liegt die Neubewertung einer gleich bleibenden Situation fast auf der Hand: Jeder Tritt in die Pedale, jeder gefahrene Kilometer bringt mich dem Ziel näher. Mit jedem Passieren einer Getreidemühle lasse ich ein kleines Stück des Bundesstaates Kansas hinter mir, und wenn ich dieses Land durchfahren habe, verändert sich die Landschaft wieder.

Wenn ich beim Rennen also ständig mit dem Schicksal hadere und sich meine Gedanken nur um die aktuellen Schwierigkeiten drehen, wenn ich also mental schwach bin, verringere ich meine körperlichen Energien, die ich zum Radfahren brauche. Kann ich meine Gedanken in dieser Situation aber umbewerten – negative Gedankenflüsse in positive umwandeln –, dann steht mir mehr Kraft zur Verfügung. Ich werde das Ziel an der Westküste schneller erreichen, ich werde schneller Erfolg haben.

Die Diskussion mit uns selbst

Dieses Wechselspiel zwischen mentaler Stärke, gegebenen Umfeldbedingungen, körperlicher Schwäche zeigt uns auf, wie sehr wir Handelsvertreter in eigener Sache sind. Mentale Stärke zeigt sich darin, wie sehr wir „uns selber" Texte oder Schlagwörter verkaufen können, die uns zu weiteren oder größeren, besseren Leistungen anspornen (immer, wie schon erwähnt, im Rahmen des Machbaren!). Es bringt nichts, uns anzulügen: Das erzeugt nämlich nur Stress. Hören wir doch lieber unsere Lieblingsmusik, um uns in eine positive Grundstimmung zu versetzen.

Vier Ebenen, eine mentale Stärke

Es sind vier Ebenen, die, vereint, uns mit mentaler Stärke belohnen. Es sind dies Gedanken-Ebene, Verhaltens-Ebene, Spannungs-Ebene und Gefühls-Ebene.

Über unsere Gedanken, Väter unseres Verhaltens, haben wir bereits ausführlich gesprochen. Doch ich will die anderen Ebenen keineswegs vernachlässigen.

Die Spannungsebene

Stellen Sie sich vor, dass Ihr großer Tag bevorsteht, dass Sie sich wirklich gut auf Ihren Wettbewerb vorbereitet haben. Und dann wachen Sie auf und kommen nicht in Fahrt. Sie sind apathisch, ja, fast ängstlich. Sie möchten, dass es bereits Abend ist und dass das Rennen, Ihr Rennen, schon vorbei wäre. Oder, ganz im Gegenteil, Sie sind panisch, haben Herzrasen, denken an Ihre Ziele – und hätten ebenfalls am liebsten, dass doch alles schon vorbei wäre. So, wie die Gedanken-Ebene das Bewusstsein beeinflusst, so lenkt die Spannungsebene das vegetative Nervensystem.

Wenig nützt es, wenn wir zwar positiv denken, unsere (nervöse) Befindlichkeit aber nicht den zu leistenden Aufgaben angemessen ist. Prinzipiell geht es darum, einen optimalen Leistungszustand herzustellen. Ist ein zu hoher Erwartungsdruck vorhanden, entstehen Stress, Angst,

Panik. Durch die progressive Muskel-Relaxation (An- und Entspannung von Muskeln oder Muskelgruppen), durch Atemübungen oder durch das intensive und wirklichkeitsgetreue Vorstellen von erholsamen Situationen kann das Spannungsbarometer eingeregelt werden. Sind wir zu „relaxed", zu locker, spüren wir das Gefühl der Wurstigkeit in uns, dann helfen uns Mobilisationstechniken, um auf Touren zu kommen. Sie können sich beispielsweise auf einen Stuhl setzen und abwechselnd 10- bis 15-mal auf den rechten und linken Oberschenkel klopfen, Sie können Kniehebeläufe an einem Punkt durchführen, oder Sie gehen ins Badezimmer, ziehen Grimassen und lachen sich an. Sie finden das gerade lustig? Viktor Frankl, einer der Urväter der Lachtherapie, sagte einmal: „Lachen ist der Gegenspieler der Angst", und der Volksmund kennt das Sprichwort: „Lächle, und die Welt lächelt zurück!"

Unsere Leistungsgesellschaft hat allerdings das Lachen verlernt, und es kursieren immer wieder Sprüche wie „Wo gelacht wird, wird nicht gearbeitet!" Blödsinn! Lachen ist gesund, steigert Ihre Befindlichkeit, holt Sie aus der Apathie. Es funktioniert. Probieren Sie es aus!

Die Verhaltensebene

Die Ebenen Gedanken, Gefühle, Spannung stehen in einem intensiven Wechselwirkungsprozess zu unserem Verhalten. So können eingefahrene Denkmuster zu

Bewertungsfehlern in bestimmten Situationen führen und Stressreaktionen auslösen. Unangemessene Körperreaktionen und Verhaltensmuster können die Folge sein. Gefühle werden über die Verhaltens-Ebene direkt ausgedrückt. So treiben beispielsweise Freude und Ärger die Menschen an. Trauer und Enttäuschung verlangsamen hingegen unsere Verhaltensweisen. Unsere Befindlichkeit spiegelt sich in unserer Körpersprache wieder. So führt Angst in der Regel zu Rückzugsverhalten und Isolation. Bereits das Erkennen von unangemessenen Verhaltensweisen kann einen Veränderungsprozess einleiten. Wichtig ist nur, dass Sie ein situationsspezifisches Programm für kritische Aufgaben (Notsituationen) erarbeitet haben. Sie sollen lernen, in angstbesetzten Situationen Ihr Tempo zu verlangsamen und Ihre Körperhaltung bzw. Verhaltensweisen zu kontrollieren und Aktivitäten durchzuführen, die Sie in eine bessere Stimmung versetzen. Genauso wie sich Gedanken und Gefühle auf unser Verhalten auswirken, können wir mit Verhaltensweisen unsere Gedanken und Gefühle beeinflussen. Negative Grübelkreise und Unzufriedenheit können durch alternative Verhaltensweisen zum Positiven verändert werden. Kennen Sie Situationen, in denen Sie eigentlich schlecht gelaunt waren, bis Sie sich schließlich aufgerafft haben und an die frische Luft gegangen sind und aktiv waren? Sie haben es selbst geschafft, durch diese Verhaltensweise Ihre aktuelle Befindlichkeit zu verbessern.

Sie wissen jetzt, dass die Müdigkeit, Energielosigkeit und negativen Denkweisen Ihre Einstellung und damit auch Ihre Verhaltensweisen zur Umgebung verändern. Verhalten Sie sich in solchen Situationen schlaff und passiv, dann glauben Sie, keine Energie für jegliche Aktivität zu besitzen. Falls dann doch der Ansporn zur Aktion kommt, von innen oder von außen, Sie sich an die frische Luft begeben oder zu einem Dauerlauf aufbrechen, verändert sich Ihr Befinden zum Besseren. Sie kennen das selbstverstärkende Gefühl, wenn es Ihnen gelungen ist, Ihre Befindlichkeit nach oben zu schrauben. Sie haben etwas Großartiges geschafft.

Ebenso sollten Sie positive Argumente für Ihre Handlung sammeln, um sich bewusst zu machen, was die fundamentalen Eigenschaften dieser Aktion ausmachen. Die Auseinandersetzung mit den positiven Elementen wie Freude und Spaß an Ihrer Tätigkeit entfacht Energie, die Sie antreibt, Ihrem Tun auch in Phasen schlechter Tagesverfassung nachzugehen und einen Stimmungsumschwung einzuleiten.

Die Gefühlsebene

Emotionen sind Erlebnisse, die als Grund- bzw. Primärgefühle wie zum Beispiel Freude, Wut, Angst, Trauer und Interesse sowie in zahlreichen Gefühlskombinationen in Erscheinung treten können. Bei den Emotionen handelt es sich dabei um Sinneswahrnehmungen, die über Erfahrungen und Erinnerungen ausgelöst und geprägt werden. Gefühle drehen sich meistens um Lust oder Unlust, sind mit Zeichen körperlicher Erregung verbunden und durch eine anhaltende Spannung gekennzeichnet. Für die Entstehung von Gefühlen kann sowohl eine erhöhte unspezifische körperliche Erregung als auch die situationsabhängige Wechselwirkung der Ebenen als ausschlaggebend angesehen werden. Gefühle beeinflussen immer auch unsere Gedanken, Vorstellungen und Phantasien und bestimmen daher maßgeblich die Qualität unserer Befindlichkeit. Um die aktuelle Befindlichkeit zu bearbeiten, können suggestive Verfahren wie Trancetechniken, Phantasiereisen aus der Hypnosetherapie oder imaginative Verfahren aus der Katathymen Imaginativen Psychotherapie (KIP) eingesetzt werden. Darunter versteht man u. a. die Aufarbeitung von aktuellen Gefühlszuständen durch Symbole. Bereits die Vorstellung einer Blume und die anschließende kreative Gestaltung durch Malen kann Erinnerungen auslösen, die wiederum Aufschluss über aktuelle Befindlichkeitszustände geben. Die Blume kann anschließend auch so verändert werden, dass sie für die optimale Befindlichkeit einen vertrauensvollen imaginativen Begleiter abgibt, der in Situationen des Zweifels abgerufen werden kann und Energie spendet.

Letztlich ist jeder selbst für seine Stimmung, seine Gefühle verantwortlich, mit der er/sie in der Früh aufwacht und in den Tag geht. Da ist nicht der Partner, der Chef oder irgendjemand anderer dafür verantwortlich, sondern nur Sie selbst.

Beobachten Sie es an sich selbst! Auf dem Weg zur Arbeit hören Sie zufällig Ihre Lieblingsmusik, Sie summen mit, beginnen zu lächeln und bekommen den Ohrwurm nicht mehr aus Ihrem Kopf: und Sie sind auf einmal viel besser aufgelegt. Ohne dass Sie es bewusst wollten, haben Sie sich entschieden, dass Ihre Stimmung jetzt besser oder bestens ist. Musik ist dabei nur ein Beispiel, die oben erwähnte Blume ein anderes. Ich will aufzeigen, dass mit gewissen Ritualen jeder lernen kann, die eigene Stimmung positiv zu beeinflussen. Sie werden mir Recht geben: Es ist eben ein Unterschied, ob Sie beim Aufstehen sagen: Was wird das heute wieder für ein schrecklicher Tag … oder: Ich freue mich auf den heutigen Tag. Es wird ein spannender Tag mit neuen interessanten Herausforderungen!

Die Krise als Zeit der Bewährung

1998 war das Jahr meiner dritten Teilnahme am Race Across America – und die Geschehnisse im Verlauf des Rennens sollten meine mentale Stärke testen. Von allen Seiten wurde ich als Topfavorit gehandelt. Ich hatte das RAAM im Jahr zuvor gewonnen, meine Motivation war groß, erneut zu reüssieren. Und die Erwartungshaltung von außen war, wie gesagt, auch nicht ohne. Zu Beginn der Konkurrenz schlug ich allerdings ein viel zu hohes Tempo an. Der unbedingte Wille, siegreich zu sein, trieb mich in die erste Krise. Das zu intensive Tempo schlug sich auf meinen Magen, und so konnte ich die notwendige Energie nicht mehr zuführen. Die mehrere Stunden lange Zwangspause war die logische Konsequenz daraus. Als ich endlich wieder halbwegs imstande war, im Radsattel zu sitzen, nahm ich das Rennen vom letzten Platz aus wieder auf. Minute um Minute, Stunde um Stunde holte ich mühsam wieder auf und nach knapp zwei Drittel des Rennens lag ich an aussichtsreicher zweiter Stelle. Und dann das: Ein Sturz in der letzten Nacht machte nicht nur alle Siegchancen zunichte, mehr noch, ein Bruch des Schlüsselbeins war die Folge. Dank der Unterstützung meiner Betreuercrew und des begleitenden Arztes war es mir dann doch noch möglich, die fehlenden 200 km bis ins Ziel in Savannah, Georgia, zu absolvieren. Den zweiten Endrang konnte mir kein Teilnehmer mehr streitig machen.

Im Ziel angekommen, hätte ich Grund genug gehabt, mit den Umständen, dem Schicksal, der Außenwelt, die mir solch einen Druck auferlegt hatte, zu hadern. Doch in der Rückblende war ich stolz, die Krisen der letzten Tage richtig gemeistert zu haben: nicht in Negativ-Spiralen zu verfallen und das Rennen vielleicht ganz aufzugeben, sondern gemeinsam mit meinem Team Lösungen zu erarbeiten. Nach dem Sturz wenige hundert Kilometer vor dem Ziel war die Situation eindeutig. Hätte ich mit einem Schlüsselbeinbruch aufgegeben – wer hätte mir einen Vorwurf gemacht? Doch ein Ausstieg aus dem Rennen war für mich nie in Frage gekommen, und „irgendwie" kam ich auch ins Ziel!

Auch in meinem Berufsleben abseits des Spitzensports habe ich einige Erfahrungen in Sachen Problembewältigung gemacht. Als selbstständiger Kaufmann bin ich im eigenen Supermarkt öfters an der Kassa gesessen. Immer wieder ist es vorgekommen, dass ein Kunde eine Ware reklamiert hat. In diesen Fällen hatte ich dann sofort einen Schuldigen parat, anstatt in die Antwort auch eine Lösung zu legen.

Der mentale Lösungsschalter:
Nicht die Diskussion über das Problem,
sondern das Angebot einer Lösung hilft weiter.

Wenn wir uns also in einer Krise befinden, egal, ob deren Grund beruflicher oder privater Natur ist, dann befinden wir uns in einer schwierigen Lage. Die Krise ist eine natürliche Folge auf belastende Situationen, denen wir momentan nicht gewachsen sind. Die Bewältigung einer Krise bedarf daher ganz individueller Handlungen. Wir haben Angst, etwas von uns Geliebtes, Bekanntes oder Bewährtes zu verlieren oder nicht mehr zu erreichen. Krise ist aber auch als Chance zur Veränderung und Weiterentwicklung zu sehen. Es folgt eine neue Herausforderung. Dabei gilt es, von Altem loszulassen und sich auf etwas Neues einzulassen. Wie schwierig es ist, Veränderungen vorzunehmen, wissen wir ja alle!

Leben Sie im Hier und Jetzt! Nicht selten treffe ich auf Menschen, die mir von Ereignissen erzählen, die sie immer noch tagtäglich belasten. Vergangenes kann man nicht mehr ändern oder beeinflussen. Das Geschehene gehört abgehakt, als Geschichte mit den daraus gezogenen Lehren zu betrachten. Die Konzentration muss dem Hier und Jetzt gelten, auf das Leben, das in diesem Moment zählt.

Ihre Zeit, Ihre Lebensqualität!

Der Umgang mit der Zeit hat große Auswirkungen auf den Mentalzustand des Menschen.

- **Ein guter Umgang mit der Zeit steigert die Lebensqualität.**
- **Zu wenig Zeit bringt Stress und Frust.**
- **Zu viel Zeit bringt Langeweile und Antriebsschwäche.**

Zwar können wir die Zeit weder sehen noch erfassen. Die Uhr teilt uns nur den genauen Zeitpunkt mit – manchmal vergeht die Zeit wie im Flug, und ein anderes Mal scheint sie fast stillzustehen.

Die Wahrnehmung von Zeit ist subjektiv und mental beeinflussbar. Gegenwart, Vergangenheit und Zukunft haben unterschiedliche Ausmaße, je nach dem Fokus des Betrachters.

Planen, organisieren, analysieren sind Fähigkeiten des Neokortex. Werden diese Fähigkeiten nicht genutzt, ist die Folge ein gestresstes, planloses Getriebensein von Anforderungen und Umständen. Das kostet Energie und bringt ein negatives Lebensgefühl.

Lernen Sie, mit Ihrer Zeit umzugehen, trainieren Sie diese Fähigkeit! Letztlich geht es darum, dass Sie Herr bzw. Herrin über die Zeit sind und nicht Sie von der Zeit versklavt werden. Nehmen Sie Ihre Zeit in Ihre Hände, und steigern Sie dadurch Ihre Lebensqualität!

Halten Sie Ihre Erfolgserlebnisse fest!

Sie trainieren und arbeiten nach Plan. Sie wissen, wann welche Übungen anstehen und wann welche Aufgaben zu erledigen sind. Sie wollen stärker werden im Bereich der mentalen Fitness. Gibt es dazu auch einen Plan, oder ein Tagebuch? Vielleicht täusche ich mich, doch die Antwort ist: nein. Und warum?

Weil es nicht so wichtig ist?
Weil Sie sich das ohnehin alles im Kopf merken?
Weil Sie bis dato nicht daran gedacht haben, Schriftliches zu fixieren?

Mentale Stärke ist trainierbar, und Erfolgserlebnisse stärken das Selbstbewusstsein. Doch machen Sie es mit System!

- **Führen Sie ein Tagebuch Ihrer Erfolge! Halten Sie Tag für Tag fest, was Ihnen besonders gut gelungen ist, auf was Sie stolz sind und welche Emotionen Sie dabei empfinden!**

- Legen Sie sich Spickzettel zu, die Sie ständig bei sich tragen, auf denen Sie Ihre positiven Eigenschaften vermerken! Wenn Sie unsicher werden und/oder nach Bestärkung suchen, ziehen Sie wahllos einen aus der Tasche – Ihr Selbstbewusstsein wird steigen!
- Achten Sie bewusst auf Ihre Gedanken-, Verhaltens-, Spannungs- und Gefühlsebene. Und vergessen Sie nicht: Die Welt reagiert so auf Sie, wie Sie agieren!

GLAUBE UND MOTIVATION

Wie verrückt muss ein Mensch sein, mit gebrochenem Schlüsselbein die letzten 200 Kilometer des längsten Radrennens der Welt zu bewältigen? Diese Frage stellte ich mir nie, ich hörte sie nur andauernd. Es ereignete sich beim dritten Race Across America im Jahr 1998. Ich hatte schon mehr als 4.600 Kilometer in den Beinen, in den vorangegangenen acht Tagen nur rund acht Stunden geschlafen, an jedem dieser Tage rund 18.000 Kalorien verbraucht. Nach einem miserablen ersten Drittel startete ich eine Aufholjagd und lieferte mir im letzten Renndrittel mit dem Australier Garry Tatrai einen Kampf um Platz eins. In dieser fortgeschrittenen Phase des Rennens war mein körperlicher Zustand nicht mehr gut. Aber nach dem Sieg im Vorjahr und einem dritten Platz wollte ich das Double schaffen. Doch bei diesem Race Across America lernte ich neben meinem hohen Schmerzpegel vor allem eines kennen: Verliere nie den Glauben an dich – auch wenn die Situation ausweglos erscheint! Bei regennasser Fahrbahn stürzte ich bei einem Fahrbahnteiler so ungeschickt auf meine Schulter, dass ich mir ein Schlüsselbein brach. Der Schrecken war mir ebenso wie meinen Betreuern ins Gesicht geschrieben, die erste Aufgabe beim RAAM stand im Raum. Aber so kurz vor dem Ziel? Die letzten 200 Kilometer dieses Klassikers sind zu vergleichen mit einem Wimpernschlag innerhalb von 24 Stunden. 200 Kilometer sind nichts im Leben eines Extremsportlers. Hektik machte sich breit. Ich fragte meinen Arzt: „Kann ich weiterfahren? Wenn ich weiterfahre, trage ich bleibende Schäden davon?" Mein Arzt meinte nur, wenn ich die Schmerzen aushalte, spricht nichts dagegen, das Rennen fertig zu fahren. Ich gab mein O.K. und bekam einen Tornister-Verband, den wir aus dem Leintuch vom Wohnmobil anfertigten, verpasst. Mit der Unterstützung meiner Crew legte ich die letzten 200 Kilometer, großteils mit einer Hand am Lenker, die andere einbandagiert, etwas langsamer zurück. Der Sieg war in unerreichbare Ferne gerückt. Für mich ging es nur noch darum, meinen zweiten Platz zu verteidigen. Der Triumph ging mir zwar durch die Lappen, nicht aber die Gewissheit, dass man top-motiviert und mit dem Glauben an sich selbst Berge versetzen kann! Ich kann mich noch genau an meinen ersten Gedanken nach dem Unfall erinnern. Er lautete nicht: „Jetzt ist alles vorbei. Wie konnte das geschehen?" Sondern: „Wie komme ich trotzdem noch möglichst schnell ins Ziel?"

Gerade zum Thema Motivation könnte ich noch unzählige weitere Beispiele anführen. Eines möchte ich Ihnen aber nicht vorenthalten: 2003 startete ich zum ersten Mal beim XXAlps, einem 2.000 Kilometer langen Nonstop-Rennen über die französischen Alpen. Die Strecke führte über 47 Alpenpässe mit insgesamt 53.000 Höhenmetern! Einer meiner Konkurrenten war Andrea Clavedetscher aus der Schweiz. Gleich von Beginn an legte der Eidgenosse ein unglaublich hohes Tempo vor, ich hingegen blieb immer ruhig und beschäftigte mich ausschließlich mit meinem Zustand, fuhr mein Tempo. Er beging einen großen Fehler: Clavedetscher bündelte seine Kraft und Konzentration ausschließlich auf mich. Das heißt, er richtete seine Schlafzeiten nach meinen aus und fuhr die ersten drei Nächte ohne Schlaf durch! Dieser Fehler sollte sich gerade im Finale bemerkbar machen! Er fuhr nicht sein Rennen, seinen Rhythmus, sondern befand sich geistig immer in meiner Nähe. Auf den letzten Kilometern, am vorletzten Pass, dem La Bonnette (mit 2.802 Metern der höchste Pass Europas), erlitt er einen folgenschweren Einbruch und musste an diesem vorletzten Anstieg mit ansehen, wie ich ihm wenige Kilometer vor dem Ziel noch die Siegestrophäe wegschnappte. Er war gebrochen und motivationslos. Nichts ging mehr, wie man im Roulette-Jargon zu sagen pflegt. Wer den Glauben an sich und seine Fähigkeiten verliert, reduziert seine eigenen Kräfte. Clavedetscher machte den Fehler, nur auf mich zu achten, und konzentrierte sich zu wenig auf sich selbst.

Nicht die Dinge selbst beunruhigen uns,
sondern nur die Vorstellung von den Dingen.

Wie oft hören wir von Kollegen, die vor einer für sie schier unbewältigbaren Aufgabe stehen: „Ich schaff das nicht, ich kann das nicht!" Egal, ob es sich um die Erstellung eines Business-Plans handelt oder um ein Bewerbungsgespräch. Der feste Glaube an die eigene Leistungsfähigkeit ist in allen Bereichen des täglichen Lebens von enormer Bedeutung. Glaube ist die Basis, auf der Motivation aufbauen kann. Man kann niemanden für eine Aufgabe motivieren, an die er nicht glaubt, von deren Sinnhaftigkeit er nicht überzeugt ist. „Wenn du ein Schiff bauen willst, so trommle nicht Männer zusammen, um Holz zu beschaffen, Werkzeuge vorzubereiten, Aufgaben zu vergeben und die Arbeit einzuteilen, sondern lehre die Männer die Sehnsucht nach dem weiten endlosen Meer." Dies ist eine eindrucksvolle Beschreibung von Motivation, niedergeschrieben von Antoine de Saint-Exupéry, dem Autor von „Der kleine Prinz". Doch um sich selbst motivieren zu können, ist zuerst der Glaube notwendig. Der Glaube an sich selbst, an sein Ziel, an die uns umgebende Energie.

Der Glaube an ein Ziel, an eine Sache ist also die Grundvoraussetzung für Motivation. Motivation ist ein Geisteszustand, der den Willen – ein Ziel in die Realität umzusetzen – immer aufrecht erhält. Bin ich nicht motiviert, verzichte ich heute aufs Training, werde ich morgen keinen Erfolg haben. Wie wird diese Motivation eigentlich

geweckt? Es gibt tausende Motivationstrainer und jede
Menge Fachlektüre, die sich mit diesem Thema beschäftigen. Ich bin davon überzeugt, dass man seine eigenen
Ziele nur dann erreichen kann, wenn man einen kleinen
Funken innerer Motivation in sich trägt (ich nenne ihn den
„inneren Motivator"). Motivation hat viel damit zu tun,
stets nachzufragen: Bin ich noch motiviert? Will ich diese
Stelle überhaupt noch? Passt diese Firma zu mir oder passe
ich in dieses Unternehmen? Es wird niemanden auf der
Welt geben, der mich von einer Sache überzeugen bzw.
motivieren kann, wenn ich nicht davon überzeugt bin! Motivation ist also ganz stark mit Interesse verknüpft. Als
Sportler bekam ich oft die Frage gestellt, wie motiviert man
sich, wenn man über eine Woche fast ohne Schlaf durch
Amerika fährt? Ganz einfach: Indem es ein ausgeprägtes
Ziel gibt und das Interesse zu hundert Prozent besteht, dieses auch erreichen zu wollen! Auf den endlos langen
Highways durch die trostlosesten Gegenden Amerikas
würden sich viele von uns fragen: Wie weit ist es noch bis
zur nächsten Kurve? Meine innere Frage lautete: Wie viel
hab ich schon geschafft? Den Spruch „Das Glas ist halbvoll
oder halb leer" kennt jeder von uns. Wie voll oder leer ist
das Glas für Sie?

Wenn Sie wissen, was Sie wollen (also ein Ziel vor Augen
haben), wenn Sie Pros und Kontras abgewogen haben und
von Ihren Ideen überzeugt sind (also daran glauben), dann
sind Sie bereit, sich an die Umsetzung zu machen
(Motivation). Meist sind Ziele mit oft schwer erreichbaren
Wünschen verbunden. Dabei kann es sich einerseits um

Geld, Ruhm und Ehre handeln, andererseits stehen wirklich noch persönliche Befriedigungen und Begeisterungsfähigkeit, zum Beispiel für ein Hobby, im Vordergrund. Letztendlich ist Motivation nichts anderes als die Summe von Beweggründen, die Ihre Handlungen beeinflussen.

„Wenn ich weiß, was ich will, was ich zusammen mit meinem Team, meinen Mitarbeitern erreichen will, dann bin ich motiviert und bereit, Entbehrungen in Kauf zu nehmen!" Und Entbehrungen hatte ich bei all meinen Projekten zur Genüge. Ich unterscheide in Bezug auf Motivation zwei Arten: Motivation, die von innen kommt, und jene, die aus äußeren Einflüssen resultiert. Die wesentlich wichtigere der beiden ist jene, die aus innerem Interesse hervorgerufen wird: Sie unternehmen Schritte, weil Sie es wollen, weil Sie sich entschieden haben, dieses Ziel zu verfolgen. Sie wollen einen Marathon laufen und wissen, dass es dazu eines sehr großen Trainingsaufwandes bedarf. Sie werden sich motivieren, täglich eine Stunde früher aufzustehen, um laufen gehen zu können. Sie wollen ein wichtiges Geschäft für Ihr Unternehmen abschließen, wissen aber, dass es auf der Kippe steht. Sie werden Überstunden einlegen, zusätzliche Recherchen betreiben und top vorbereitet in das Meeting gehen.

Werden Sie von anderen Personen, äußeren Zwängen, vielleicht auch durch Androhung von Strafen motiviert (externe Motivation), dann ist dies kaum leistungsfördernd und meist von kurzer Dauer. Beziehen sich die Aussagen von Freunden, Kollegen auf Bereiche, die für Sie wichtig sind, haben sie einen positiven Impuls. „Du hast dich wochenlang auf diesen einen Wettbewerb fokussiert. Es sieht gut aus, deine Leistungskurve zeigt nach oben. Es ist einfach toll, wie sehr du dich motivieren kannst. Und bald ist das Ziel erreicht", ist ein Beispiel für Motivation, die von außen kommt.

Mit gutem Beispiel voran …

Viele können nur dann motiviert werden, wenn die Bezugsperson eine große Ausstrahlung besitzt und vorlebt, wie es gehen soll. Ihre Mitarbeiter werden nicht mit großem Engagement bei der Sache sein, wenn Sie sich als Vorgesetzter oder Firmenchef nicht auch abmühen. Wenn der Boss zu keinen Überstunden bereit ist und ab 14:00 Uhr auf dem Golfplatz steht, warum sollen dann seine Mitarbeiter im Büro arbeiten? Der Chef sollte mit gutem Beispiel vorangehen: Ebenso wie die Mitarbeiter zu Überstunden bereit sein, statt den Abend mit Freunden zu verbringen. Sie können nicht zusätzliche Arbeiten von Ihren Mitarbeitern fordern, selbst durch Abwesenheit glänzen und obendrein noch Urlaubsgrüße senden. Sie werden es nicht schaffen, mit dieser vorgelebten Arbeitsweise zu motivieren! Das wäre eine Anleitung zum Gegenteil, nämlich zur Demotivierung von Angestellten: Noch schlimmer ist es allerdings, wenn Sie selbst nicht motiviert sind und ständig jammern und meckern. Denn: Jedes Unternehmen hat den Chef, den es sich verdient. Und auch die Mitarbeiter! Ebenso kommt es in Familien oft

zu Motivationsproblemen: Es wird schwierig, den puber-
tierenden Nachwuchs vom Rauchen abzuhalten, wenn Sie
zwar auf die Schäden dieser Sucht hinweisen, aber selbst
dauernd mit der Zigarette im Mundwinkel predigen! Mit
gutem Beispiel vorangehen – ein alter Satz, der aber nichts
an seiner Durchschlagskraft eingebüßt hat. Andere zu
motivieren ist keine graue Theorie, sondern gelebte Praxis.
„Ich kann mich nicht motivieren" – streichen Sie diese
Aussage aus Ihrem Wortschatz und Ihren Gedanken!

Der Startkick

Motivation ist schön und gut. Aber wie setz ich's in die
Praxis um? Bei alltäglichen Dingen des Lebens, bei schein-
baren Kleinigkeiten, passiert es meist ganz automatisch:
Wenn ich mit einer Arbeit beginne, höre ich nicht bei der
Hälfte auf. Schwieriger wird die Sache bei Vorhaben, wo
es um krassere Einschnitte im Leben geht. Wie zum
Beispiel bekomme ich überschüssige Kilos weg? Viele
Menschen, die gerne abspecken würden, durchwälzen
meist Literatur. Genüsslich sitzt man dann im Sofa und
beginnt diverse Diät-Theorien zu studieren. In der rechten
Hand das Buch, die linke greift in regelmäßigen Abständen ins Chips-Sackerl. Denken Sie, ist das der richtige
Weg? Gehen Sie anders an die Sache ran! Rücken Sie nicht
die negativen Dinge in den Vordergrund. Sehen Sie nicht
vor Ihrem geistigen Auge, wie Sie keuchend ein paar
Kilometer joggen, oder wie aus ihrem Kühlschrank nur
noch Obst und Gemüse herausquellen. Dann werden Sie

auch noch grantig, weil Sie nur noch das essen dürfen, was Ihnen gar nicht schmeckt! Machen Sie sich bewusst, dass der Weg bis zum Ziel nicht immer Spaß macht. Es ist schon ein hartes Stück Arbeit, bis die Kilos purzeln. Und darum stellen Sie sich das Endergebnis vor: Ich bin beweglicher, habe mehr Sex-Appeal, ich passe plötzlich in Jeans, an denen ich bisher in den Läden immer vorbeigegangen bin. Motivieren Sie sich durch den Endzustand und verbannen Sie negative Gedanken! Nehmen wir als Beispiel das Laufen: Nachdem Sie im Laufdress losgestartet sind, planen Sie nur zehn Minuten zu joggen. Nur zehn Minuten? – werden Sie sich denken. Ja genau, nur zehn Minuten. Sie werden sehen, die Zeit wird wie im Flug vergehen. So schnell, dass Sie nach zehn Minuten gar nicht aufhören wollen. Nach zwei Wochen setzen Sie sich ein neues Ziel und steigern die Distanz auf zum Beispiel 20 Minuten. Danach werden Sie über die lächerlichen zehn Minuten nur schmunzeln. Steigern Sie die Distanz und die Zeit und das Ergebnis wird sich sehen lassen können!

Motivation (auf lateinisch Bewegung)
bedeutet jene Energie, die ein Mensch zur Verfügung hat,
um bestimmte Ziele zu erreichen.

Viele Hindernisse begleiten uns bis zur Zielerreichung. Wenn Sie abnehmen wollen, werden Ihnen immer wieder Situationen unterkommen, wo Sie schwach werden. Schokolade ist ja tatsächlich sehr lecker! Es ist natürlich nicht verboten, ab und zu ein Stückchen zu essen. Aber verlieren Sie Ihr Ziel nie aus den Augen! Und abgesehen

davon, Äpfel, Erdbeeren & Co. schmecken auch süß!
Immer wieder werden Zweifel aufkommen, und Sie müssen Rückschläge hinnehmen. Stellen Sie sich nicht die
Frage: „Wie schaffe ich das bloß?" Wenn Sie selbst davon
überzeugt sind, dass Sie es nicht schaffen, wird es auch so
sein, dass Sie es nicht schaffen. Wenn ich gefragt werde,
Herr Fasching, wie kommen Sie in einer Woche mit nur
acht Stunden Schlaf aus, so antworte ich: Ich kann es! Ich
weiß, will ich das Race Across America gewinnen, muss ich
die Schlafpausen aufs Minimum reduzieren. Und eine
Stunde Schlaf pro Tag ist eben für mich das Minimum. Im
Laufe meiner Jahre wurde dieser Umstand mehr und mehr
zur Gewohnheit. Bei meinen ersten Ausdauerrennen war
es nicht selbstverständlich, nur wenige Stunden zu schlafen. Ich habe mir aber immer und immer wieder eingetrichtert, ich komme damit aus. Und so war es auch! Denn:
Wenn der Mensch daran glaubt und überzeugt ist, dass er
mit wenig Schlaf auskommt, dann wird er mit wenig Schlaf
auskommen. Wenn der Mensch aber davon überzeugt ist,
dass er viel Schlaf braucht, wird es auch so sein!

Wo es mir wichtig ist,
lasse ich meinen inneren Schweinehund
erst gar nicht aufkommen!
Dann muss ich ihn auch nicht bekämpfen.

Der innere Schweinehund

Wer kennt diese Situation nicht? Da hat man sich etwas nicht ganz leicht zu Erreichendes vorgenommen. Zum Beispiel ein paar Kilo abzunehmen, ein zusätzliches Projekt, bessere Leistungen beim Laufen oder Radfahren. Das Ziel ist vorhanden, ebenso der Glaube daran, die Motivation und der gute Vorsatz. Und ganz plötzlich tritt er in Erscheinung: der innere Schweinehund, gegen den man so oft ankämpfen muss.

Bereits in der Früh meldet er sich („Fünf Minuten kann ich noch im Bett bleiben. Lass ich halt das Frühstück ausfallen" – die Schlummertaste am Wecker ist schnell gedrückt), ebenso in der Arbeit, im Studium oder in der Beziehung. Der innere Schweinehund tummelt sich auf dem Weg zur Realisierung des Ziels plötzlich auf. Häufig bei Stagnation, wenn Sie keine Fortschritte erzielen. Manchmal manifestiert sich der Schweinehund in der so genannten Verschiebetechnik und man beginnt erst gar nicht damit, sein Vorhaben umzusetzen: „Nächste Woche esse ich weniger."

Er muss oftmals bekämpft und geschlagen werden, wenn Sie Ihre guten Vorsätze nicht schleifen lassen wollen. Überwinden Sie diesen Widerstand – nicht einmal, sondern mehrmals über einen längeren Zeitraum. Grundvoraussetzung dafür ist eine Grunddisziplin. Wenn Sie laufen gehen wollen und der Nachbar lädt Sie gleichzeitig auf ein Gläschen ein, was werden Sie machen? Der Idealfall wäre,

Sie ziehen Ihr vorgenommenes Programm durch. Der Kompromiss sieht so aus, dass Sie nur die Hälfte der Strecke absolvieren (nicht, dass Sie gleich den Gelüsten Ihres Schweinehundes nachgehen) und anschließend beim Nachbarn vorbeischauen. Und der schlimmste Fall wäre, wenn Sie gleich zum Nachbarn gehen würden. Schieben Sie Ihre persönlichen Vorhaben nicht auf.

Nehmen Sie Ihren inneren Schweinehund einfach zur Kenntnis und begrüßen Sie sogar seine Existenz! Das soll nicht bedeuten, dass Sie träge werden und Ihre guten Vorsätze in einer Schublade verstauben lassen. In den für Sie wichtigen Bereichen kämpfen Sie kompromisslos gegen ihn an. Zeigen Sie ihm die Faust! In anderen Bereichen allerdings können Sie ihn gewähren lassen. Wenn Sie zum Beispiel zu Hause mit Freunden feiern. Die eine oder andere Weinflasche leeren und es sich einfach gut gehen lassen. Oder wenn Sie nach der Arbeit durch die Straßen schlendern und Lust auf etwas Süßes haben. Warum auch nicht? Gönnen Sie es sich mit gutem Gewissen und seien Sie nicht nachtragend.

Immer diese Sorgen ...

Der Mensch ist ein Sorgenkind! Eine Statistik besagt: Zu 30 Prozent macht er sich Gedanken über die Vergangenheit, 52 Prozent der Sorgen sind überflüssig, zehn Prozent nebensächlich und nur acht Prozent der Gedanken, die wir uns machen, sind begründete Sorgen! Das heißt im

Klartext, über 90 Prozent aller Sorgen, die uns das Leben schwer machen, sind grundlos. Eindeutige Zahlen, die uns zu denken geben sollten. Worüber machen wir uns Gedanken? Darüber, dass der Nachbar einen größeren Garten hat als ich? Darüber, dass der Bruder besser verdient und sich ein größeres Auto leisten kann? Darüber, dass ein Arbeitskollege, der mehr Engagement an den Tag legt, bevorzugt behandelt wird? Sie dürfen sich in keine Ausreden flüchten und sich nicht ständig auf die Suche nach Schuldigen für Ihre Sorgen begeben. Jeder von uns ist für sein Tun und Handeln selbst verantwortlich. Geben Sie die Neidkomplexe auf und beleuchten Sie sich selbst. Finden Sie heraus, wie viel Sie tatsächlich in Ihr Leben investieren.

SELBSTERKENNTNIS

Viele denken, ich bin ein Einzelkämpfer. Doch wer acht Mal durch Amerika mit dem Rad fährt, Australien durchquert, 2005 nonstop die französischen Alpen und Pyrenäen bewältigt, braucht ein Team. In der Zeit meiner Projekte bin ich quasi der Firmenchef, der Projektleiter. Da gibt es einen Mechaniker, der meine Rennmaschine in Schuss hält und bei Defekten eingreift, einen Arzt, der mich aus medizinischer Sicht kontrolliert, einen Masseur, der meine verspannten Muskeln lockert, Chauffeure für die Betreuerwägen, einen Pressesprecher, der meine Leistungen nach außen hin kommuniziert. Ihre Motivation ist es, dass ich kräftig in die Pedale trete und unser gemeinsames Ziel in die Tat umsetze: so schnell wie möglich von der West- zur Ostküste zu gelangen, ins Ziel zu kommen. So wie mich meine Teammitglieder durch aufbauende Worte und ihre Dienstleistungen motivieren, so versuche auch ich sie im Rahmen meiner Möglichkeiten zu unterstützen, Interesse an ihren Tätigkeiten zu bekunden. Über Funk plaudere ich mit meinen Kollegen. Ich weiß: Wir müssen alle an einem Strang ziehen!

Um eine Vorbildwirkung zu übernehmen, ist es enorm wichtig, selbst von den Dingen, die man gerade tut, überzeugt zu sein. Dass ich den Dingen optimistisch gegenüberstehe. Um optimistisch zu sein, muss ich mich aber zuerst selbst kennen. Ich kann keine Mount-Everest-Expedition planen, um zuletzt zu erkennen, dass ich Höhenangst habe! Ich muss mich auf das konzentrieren, worin meine Kompetenzen liegen. In meinem Fall war das die extreme Ausdauer. Ich bin Extremsportler und kann meine Kräfte dann entscheidend ausspielen, wenn Bewerbe über das normale Maß im Spitzensport hinausgehen. Das ist heute wie früher so. Als ich mit meinem langjährigen Trainingspartner Peter Luttenberger in der Steiermark trainiert habe, merkte ich bald, dass ich noch Trainingseinheiten benötige. Sehr oft fuhr ich noch ein paar Stunden länger. Auch in meiner Zeit als Amateurradfahrer hatte ich das Gefühl, dass die Straßenradrennen zu kurz für mich waren. Oft fuhr ich nach den Bewerben noch ein paar Kilometer oder legte den Weg vom Rennen nach Hause mit dem Rad zurück. Ich war nie ein ausgesprochener Berg- oder Sprintspezialist. Schlecht war ich nie darin, hätte während des Trainings mehr Bedeutung auf diese Qualitäten legen können. Aber was wäre gewesen? Ich hätte doch nie das Niveau erreicht, das ich auf der

Langstrecke erzielt habe. Gleichzeitig hätte intensives Sprinttraining, um die Schnellkraft zu erhöhen, mein Durchhaltevermögen negativ beeinflusst. Meine spezielle Stärke, die extreme Ausdauerleistung, hätte sicher darunter gelitten.

Erkennen Sie Ihre Stärken und seien Sie stolz darauf!

Meistens ist es doch so, dass in unserem gesamten Leben immer auf die Schwächen hingewiesen wird. „Schau, dass du in Englisch besser wirst", obwohl in Mathematik eine Zwei im Zeugnis steht, das aber keine Erwähnung findet. Oder: „Iss nicht so viel", obwohl der Gute bereits fünf Kilo abgenommen hat. Oder: „Können Sie das nicht schneller erledigen?", obwohl der Mitarbeiter mit fünf Projekten gleichzeitig beschäftigt ist und diese Erledigung kein Wort der Belohnung findet.

Wie sollen Sie eine optimistische Lebenseinstellung finden, wenn Sie immer nur hören, was nicht passt bzw. was man besser machen könnte? Henry Ford wurde nachgesagt, dass er nur von wenigen Dingen eine Ahnung hat. Eines Tages stellte er sich bei einem Vortrag den Fragen der Anwesenden. Auf dem Tisch stand ein Telefon und der Automobilhersteller hatte auf alle Fragen eine Antwort parat. Er sagte: „Wenn ich auch nicht alles weiß, so weiß ich doch, wen ich fragen muss, um es zu wissen." Ford verstand sein Geschäft, stärkte seine Stärken, arbeitete an seinen Schwächen, aber nicht auf Kosten seiner Stärken.

Suchen Sie stets neue Chancen und Möglichkeiten in Ihrem Leben. Stillstand ist Rückschritt, Bewegung, optimistisch betrachtet, Fortschritt. Loten Sie immer wieder Ihre Stärken und Schwächen aus, erkennen Sie diese. Machen Sie Folgendes: Beobachten Sie sich von außen. Betrachten Sie dabei Ihre Handlungsweise, wie Sie in verschiedenen Situationen reagieren. Sobald Sie Ihre Schwächen erkannt haben, akzeptieren Sie diese auch und versuchen Sie sie zu verbessern. Aber bitte nicht auf Kosten der Stärken!

Wie erkenne ich nun meine Stärken? Das hat viel mit Beobachtungsgabe zu tun. Eine Methode wurde kurz zuvor beschrieben: Betrachten Sie sich selbst von außen! Wer sich mit langfristigen Zielen identifizieren kann, wird auch kaum Schwierigkeiten haben, seine eigenen Stärken zu erkennen. Was mache ich mit Liebe und Hingabe? Was gelingt mir gut? Was mache ich mit Freude? Auf der anderen Seite: Gibt es Tätigkeiten, die ich gar nicht gerne ausübe, zu denen ich sogar manchmal gezwungen werden muss? Die ich nicht gut kann, die keinen Spaß machen? Natürlich gibt es im Leben eines Radsportlers etwas Schöneres, als bei Minusgraden auf dem Rad zu sitzen. Ich weiß aber, wenn ich das nicht mache, nicht auch die anstrengenden und mühsamen Hürden nehme, wird sich in der nächsten Saison der Erfolg nicht einstellen. Auf das Training bei Minusgraden bezogen: Ich stelle den Körper auch auf extreme Temperaturen ein. Ein RAAM findet nicht nur bei Schönwetter statt, Temperaturunterschiede von bis zu 50 Grad verlangen dem Körper alles ab.

Wenn Sie mit sich nicht zufrieden sind,
wird Ihnen die Welt keine Zufriedenheit bringen.

Um seine Stärken zu erkennen, ist es zudem wichtig herauszufinden, wie viel Zeit Sie mit einer bestimmten Tätigkeit verbringen. Üben Sie einen Beruf aus, der Sie zeitlich enorm beansprucht, aber gar nicht erfüllt? Bei dem Sie ständig nur an Ihre Hobbys oder Alternativen denken? Dann werden Sie kaum Zeit für die schönen Dinge im Leben haben. Zudem müssen Sie herausfinden, welche Aktivitäten Sie mit hoher Qualität ausüben! Gut, nicht jeder von uns hat die Möglichkeit, sein Hobby zum Beruf zu machen; wie in meinem Fall. Trotzdem, überlegen Sie diese Fragen gewissenhaft und beantworten Sie diese.

Helfen Sie sich selbst, Ihre Stärken zu filtern und auszubauen. Durch all meine Projekte lernte ich viele Menschen kennen, die ähnlich denken wie ich. Oder im Zuge meiner Lektüren über Höhenbergsteiger, Weltumsegler, Abenteurer und Menschen, die Außergewöhnliches geleistet hatten, erkannte ich deren ähnliche Denkweise. Sie hatten ein Ziel vor Augen und verfolgten es mit aller Konsequenz. Diese Menschen denken in ähnlichen Mustern, der große Teil der Menschheit allerdings will nur das, was sie ohnehin schon können. Aber ich bin davon überzeugt, Sie sollten das können, was Sie wollen. Die Herausforderung dabei ist aber ungleich höher.

Lernprozesse

Um im Leben weiterzukommen, ist es wichtig zu lernen. Das beginnt im Kindesalter, wenn von den Kleinen Fragen gestellt werden, um sich Wissen anzueignen. „Papa, warum dreht sich ein Rad? Mutti, warum ist der Himmel blau?" Das Fragen und Lernen zieht sich über die Schulzeit hinaus. Immer und immer wieder wird man mit dem Satz konfrontiert: Man lernt nicht für die Schule, sondern fürs Leben. Wie wahr!

In meiner Karriere habe ich im Großen und Ganzen bewusstseinserweiternde Lernprozesse auf drei Ebenen durchlebt:

- **Lernprozesse durch Erfahrung**
- **Schmerzhafte Lernprozesse**
- **Selbst angeeignetes Wissen**

Ein Sprichwort sagt, aus Erfahrung wird man klug. Man wird allerdings nur dann klug daraus, wenn man die Erlebnisse auch verarbeitet. Der Augenblick verblasst schnell, es kommen weitere, neue Eindrücke hinzu. Wichtig ist deshalb, die Erfahrungen zu analysieren: Warum sind die Verhandlungen gescheitert? Warum hat mich die Freundin oder der Freund verlassen? Warum wurde ich nur Zweiter? Gehen Sie nicht sofort zur Tagesordnung über, machen Sie sich Gedanken darüber. Die Analyse sollte sich aber nicht nur auf die Niederlagen, sondern auch auf Siege bzw. Erfolgserlebnisse erstrecken! War der Triumph tatsächlich perfekt oder kann es beim nächsten Mal nicht noch besser laufen? Beleuchten Sie auch die Erfolgserlebnisse nüchtern. Wie Pyrrhus von Epirus. 280 vor Christus schlug er die Römer und jammerte aufgrund der schweren Verluste: „Noch so ein Sieg, und ich bin verloren!" Ein Sieg ist immer ein Sieg, aber vielleicht doch nur ein Pyrrhussieg.

Erfahrungen sind das eine, Schmerz das andere. Was Sie am eigenen Leib erfahren, geistig wie körperlich, wird sich in Ihrem Unterbewusstsein einprägen. Schon als Kinder sind die wenigsten gern zum Zahnarzt gegangen. Als Kinder haben wir alle unsere Erfahrungen gemacht: Zum Beispiel die Geräusche des Bohrers beim Zahnarzt, die immer mit Schmerzen verbunden sind, oder zu nahe ans Feuer zu kommen. Dem Nachwuchs bringt es mehr, wenn Sie nicht ständig Verbote aussprechen, sondern Erklärungen über gefährliche Gegenstände abgeben. Bei meinem ersten Race Across America erlebte ich auf blutige Art und Weise den schmerzhaften Lernprozess.

Es passierte in der Wüste Utahs, auf dem Weg Richtung Las Vegas. Brütende Hitze war der ständige Begleiter, ich litt unter den sengenden Sonnenstrahlen. Ständig goss ich mir Wasser mit der Trinkflasche über den Kopf, um meinen Körper einigermaßen kühl zu halten. Für fünf Minuten war ich nass, fünf Minuten später wieder staubtrocken. Durch dieses Wechselbad sammelte sich das Wasser im Sitzpolster meiner Radhose. In Kombination mit der enormen Hitze wurde die Haut extrem belastet, wodurch Reibung entstand. Und genau diese Reibung verursachte wunde Stellen am Gesäß. Nach 500 Kilometern, also noch am Beginn des Rennens, hatte ich bereits einen aufgescheuerten Hintern – ein Wahnsinn! Aus Angst verschwieg ich die Probleme dem Teamarzt. Zudem dachte ich mir: „Was werden wohl meine Teammitglieder sagen, wenn ich jetzt schon solche Probleme habe? Dann können wir gleich zusammenpacken und nach Haus fahren, so kommt Wolfgang nicht ins Ziel." Die Motivation im gesamten Team wäre Richtung Nullpunkt gesunken, dachte ich mir. Mein Zustand verbesserte sich natürlich nicht. Ganz im Gegenteil, es wurde immer schlimmer.

Nach rund 1.200 Kilometern konnte ich die Schwierigkeiten, die immer augenscheinlicher wurden, vor meiner Crew nicht mehr verbergen: Ich rutschte auf dem Rad hin und her, konnte nicht mehr im Sattel sitzen, fuhr die meiste Zeit stehend. Dann kam der Zeitpunkt, der kommen musste. Die Schmerzen waren so unerträglich, also beichtete ich alles meinem Arzt. Und der antwortete nur trocken: „Wolfgang, warum erzählst du das nicht früher? Da hätten wir das Gesäß noch ohne großen Aufwand behandeln können." Meine Lehre daraus: Hätte ich gleich nach 500 Kilometern meine Betreuer über das wunde Gesäß informiert, viele Schmerzen wären mir erspart geblieben. Mein Hintern hätte rechtzeitig behandelt werden können. So warteten noch über 3.000 schmerzhafte Kilometer bis ins Ziel auf mich. Meine Botschaft ist, wenn Sie einen Fehler machen, bleiben Sie stehen. Analysieren Sie die Situation und gehen Sie gegebenenfalls in eine neue

Richtung weiter. Warten Sie nicht, bis es von alleine gut wird, das wird es nämlich selten. Wenn Sie in der Arbeit einen Fehler machen und wissen, Sie müssen ihn korrigieren, machen Sie das rechtzeitig. Sonst wird Ihnen das irgendwann auf den Kopf fallen.

Jeder von uns erlebt fast täglich Leistungsdruck. Sei es jener, der vom bösartigen Humor des Mitarbeiters verursacht wird und sich an der Grenze des Mobbings bewegt, oder jener körperlicher, den beispielsweise Arbeiter an Hochöfen erleben. Doch lernen können Sie nicht nur aufgrund individueller Erfahrungen, die Sie am eigenen Leib verspüren, sondern auch durch die Erfahrungen anderer. Aber hier ist wichtig, dass diese Mitteilungen ehrlich sind, der Wahrheitsgehalt ist entscheidend. Wenn Sie in einem Unternehmen neu zu arbeiten beginnen und Kollegen etwas fragen, gehen Sie davon aus, dass Sie die Wahrheit erfahren. Obwohl es sicherlich Neider gibt, die Ihnen nicht alles erzählen werden!

Nehmen Sie sich Zeit, Ihren Horizont zu erweitern. Besorgen Sie sich Lektüre, wenn Sie sich mit großen privaten oder beruflichen Themen auseinandersetzen. Als ich meinen Pilotenschein machte, reichten mir von Beginn an die normalen Schmöker nicht mehr aus und ich verschlang Bücher über die Fliegerei. Oder als ich mich auf mein Abenteuer Mount Everest vorbereitete, widmete ich mich intensiv alpinistischer Lektüre und eignete mir so zum Teil kletterisches Know-how an. Ich las über die Erlebnisse großer Bergsteiger und versuchte, mich in die Personen hineinzufühlen. Mit all dem Schmerz, den man bei der Besteigung dieses Berges erlebt. Im Nachhinein kann ich sagen, dass die unzähligen Bücher Goldes wert waren! Lesen bildet und kann Sie nicht nur auf der Karriereleiter steil nach oben führen. Ihre Vorgesetzten werden überrascht sein, wenn Sie mit Ihnen nicht nur über arbeitstechnische Vorgänge plaudern können und nicht als „Fachidiot" dastehen. Natürlich dient Literatur auch dazu, sich fachspezifisch fortzubilden. Glauben Sie nicht an den Satz: Wissen ist Macht. Denn erst angewandtes Wissen ist Macht!

Stärken Sie Ihr Selbstvertrauen!

Wie steht es um Ihr Selbstbewusstsein? Machen Sie das, was Sie wollen? So, wie es uns jeden Tag die Kleinsten vorspielen. Kinder haben ein fast grenzenloses Selbstvertrauen. Alles ist in ihrer Welt möglich: Sie können König, Raumfahrer, Prinz oder Feuerwehrmann werden. Im Laufe der Entwicklung wird aber Stück für Stück durch die Gesellschaft vom Selbstvertrauen weggenommen: Du kannst oder darfst das nicht! Du bist ein Junge! Du bist ein Mädchen! Du doch nicht! Dafür hast du kein Talent! Du musst realistisch bleiben! Lassen Sie sich Ihr Selbstvertrauen nicht nehmen. Sie müssen es sukzessive wieder zurückgewinnen, sonst verlieren Sie an Leistung. Tun Sie die Dinge, die Sie sich nicht zutrauen.

Ich habe mein Ziel, meine Bestimmung erkannt.

Mit gutem Beispiel voran.

Du schaffst was Du willst!

Der Weg zum Ziel ist oft holprig und beschwerlich.

RACE ACROSS AMERICA 2007
WOLFGANG FASCHING
8 DAYS 23 HRS 20 MINS

Nur gemeinsam sind wir stark.

Am Ziel meiner Träume.

Die Stärke erfolgreicher Menschen liegt im Unterbewusstsein.

Motivation ist der Motor, Konzentration der Turbo.

Es spielt sich doch alles im Kopf ab.

Sie sind, was Sie denken.

Konzentration auf das Hier und Jetzt.

Ziele muss man finden, nicht erfinden.

TEAMWORK

Warum nimmt der Fasching bloß dreizehn Leute zum Race Across America mit? Die Antwort ist klar: Ohne funktionierendes Team, gut eingespielte Mannschaft hätte ich die meisten Erfolge nicht zustande bringen können. Als Sportler bin ich Einzelkämpfer, aber vom Chauffeur bis zum Mechaniker und Masseur hat jedes Teammitglied seinen Bereich, in dem alles perfekt funktionieren muss. Oder stellen Sie sich vor, Fasching geht während des Race Across America schnell einkaufen, weil der Kühlschrank im Wohnmobil leer ist! Ohne meine Weggefährten wäre ich in vielen Situationen chancenlos. Das Unternehmen Fasching können Sie sich bildlich vorstellen wie eine Fahrradkette: Jedes einzelne Glied ist gleich wichtig und es gibt keinen unwichtigen Teil; nur die Positionen sind unterschiedlich. Und ich als Hauptdarsteller sehe mich genauso als Glied dieser Kette. Ich denke nur an mein letztes Race Across America 2007 zurück. Bis zum vierten Tag lief alles wie am Schnürchen. Das Tempo war in Ordnung und ich befand mich knapp hinter dem Slowenen Jure Robic. Doch dann, am vierten Tag, erwischte es mich eiskalt! Durch den tagelangen Regen zuvor fing ich mir eine hartnäckige Verkühlung ein. Die Auswirkungen waren fatal: Plötzlich zerrte es in meiner Nackengegend. Zuerst dachte ich, es handle sich um eine Verspannung, doch ich konnte meinen Kopf nicht mehr hochhalten, war kraftlos im oberen Wirbelsäulenbereich, hatte Muskelprobleme im Nacken. In meiner Radsportkarriere hatte ich so etwas noch nie erlebt. Ich saß verkrampft am Rad und versuchte nur irgendwie vorwärtszukommen. Geschlagene drei Tage dauerte das Martyrium. Salben wurden auf meinen Nacken geschmiert, ich bekam eine Nackenstütze (Stifneck, das normalerweise nur Verletzte beim Transport ins Krankenhaus bekommen) verpasst. Doch es war mir fremd, ein eingeschränktes Blickfeld zu haben. Bei Temperaturen jenseits der 35 Grad rieb ich mir durch den Druck des Stifnecks Hautpartien im Halsbereich wund. Ich konnte weder nach links noch nach rechts schauen. Die Nahrungsaufnahme wurde durch das Stifneck massiv behindert und jedes Mal zur Qual. Nur mehr kleine Bissen bekam ich runter. Ich schaffte es gerade noch, die Trinkflasche mit den Lippen aufzunehmen und daraus zu trinken. Dadurch, dass ich meinen Kopf nicht mehr heben konnte, sah ich keine Ampeln und Kreuzungen mehr. Ich legte mein Schicksal in die Hände meiner Betreuer und musste ihnen blind vertrauen! Die einzige Orientierung, die ich noch hatte, waren die weiße Begrenzung am Straßenrand und die Mittellinie in der Fahrbahnmitte. Der Sightseeing-Charakter reduzierte sich auf die Korngröße des Asphalts und die Farbschattierungen der Begrenzungs- und Mittellinie. Durch die ständigen Behandlungen, bei denen ich vom Rad musste, war der Rennrhythmus gebrochen. Zu allem Überdruss saßen mir auch noch zum Schluss die Verfolger im Nacken. Die Situation war ausweglos und nicht selten gefährlich. Nur den aufopfernden Zurufen und Richtungsanweisungen meiner Crew war es zu verdanken, dass ich meine halsbrecherische Reise Richtung Atlantic City fortsetzen und heil überstehen konnte! Während des Rennens wurde mir klar, dass sich dieses Problem unter Belastung nicht bessern würde. Auch wenn die Situation hinderlich war, dachte ich aber nie ans Aufgeben. Unser gemeinsames Ziel war Atlantic City. Und das erreichten wir auch! Mir ist völlig klar: Ich könnte der beste Extremradfahrer der Welt sein. Ohne mein Team würde ich nie das Ziel, wie die Ostküste Amerikas, erreichen!

Ein Projekt wie das Race Across America umfasst in der Vorbereitungsphase nicht nur das körperliche und mentale Training, es beinhaltet auch die Organisation. Bereits ein Jahr vorher habe ich begonnen, eine Mannschaft auf die Beine zu stellen, die den Anforderungen in Amerika gewachsen ist. Als Fahrer selbst spielt man dieses Szenario im Kopf oftmals durch. Denn eine funktionierende Mannschaft kann einem ein Rennen erleichtern. Im Gegensatz dazu kann ein nicht eingespieltes Team viel

Zeit kosten und im schlimmsten Fall sogar die Aufgabe bedeuten. Ein Teammitglied befindet sich ab der Abreise, spätestens jedoch nach dem Start des Rennens, im Dauereinsatz. Während der Reise geht es durch drei Zeitzonen. Der Biorhythmus spielt verrückt, weil man nur wenig zum Schlafen kommt. Hinzu kommt der Rennstress. Elf Teammitglieder halten permanent drei Autos in Bewegung, wobei jeweils ein Beifahrer beim Navigieren behilflich ist. Spätestens dann wird klar, dass eine strikte Arbeitseinteilung unmöglich ist. Auch wenn jedes Teammitglied in einer bestimmten Funktion auf die Reise gegangen ist, ist es wichtig, über den Tellerrand hinauszublicken und Tätigkeiten außerhalb seines zugeteilten Aufgabenbereichs zu verrichten. Gut möglich, dass ein Masseur zum Schraubenschlüssel greifen muss oder ein Techniker den Nacken lockert.

Trotz des oftmaligen Antretens beim RAAM war meine Mannschaft nie ident. Immer hatte ich, bis auf das erste Jahr, einen gesunden Mix an Routiniers und Neulingen an Bord. Routiniers wissen, wie der Hase läuft. Sie haben Erfahrung, schätzen Situationen richtig ein. Mitglieder, die zum ersten Mal dabei sind, haben hingegen Elan und Energie, mit der sie an die Aufgabe herantreten. Vergleichen Sie das doch einmal mit einer gut funktionierenden Unternehmensführung. Im Hintergrund arbeitet der Boss, er besitzt langjährige Erfahrung und arbeitet leise im Hintergrund. Für modernes und dynamisches Auftreten sorgt der Juniorchef. Er besitzt zwar noch nicht das nötige Know-how, hält das Unternehmen aber in Schwung.

Alleine würden beide wohl nicht in der Lage sein, das Optimum herauszuholen. Miteinander sind sie aber ein unschlagbares Team.

Ich bin der Chef unserer Projekte. Davor wähle ich penibel die Crewmitglieder aus. Achte darauf, dass fast ausschließlich Spezialisten in ihren Bereichen mitfahren. Oberste Priorität sind die einheitliche Sprache und das gemeinsame Ziel: Sprechen wir alle vom Gleichen? Verfolgen wir alle die gleichen Ziele? Diese Fragen klingen vielleicht banal, sie sind aber notwendig. Denn jedes Teammitglied hat einen anderen Charakter, eine andere Sichtweise der Dinge. Und deshalb ist es ungemein wichtig abzuklären, ob wir auch alle in die gleiche Richtung marschieren! Das Team muss harmonieren und gleich tikken. Eine Mannschaft muss bis in die kleinste Einheit funktionieren. Es war nicht immer einfach, gute Teams zusammenzustellen, wo Leute auch unter Stress und besonderen Belastungen harmonieren. Aber es hat immer geklappt!

Nicht einsam, sondern gemeinsam sind wir stark!

Ein Team in einer Firma entsteht, weil jeder seine Stärken und Schwächen hat. Machen Sie sich bewusst, dass andere dort ihre Stärken haben, wo Sie selbst Schwächen ausmachen. So entsteht ein Team. Weil nicht alle in der Firma oder in der Familie das Gleiche machen können, werden Aufgaben geteilt. Der Kern eines Teams fällt die Entscheidungen. Außenstehende werden herangezogen, um gewisse Aufgaben zu erfüllen. In einer Mannschaft ist jedes Mitglied gleich wichtig. Fällt eines aus, kann die Unternehmung gefährdet sein. Das heißt, in einer Organisation gibt es keine wichtigen oder unwichtigen Teilnehmer. Der Vorsitzende, der Abteilungsleiter, die Sekretärin, die Putzfrau: Sie alle haben ihre Arbeit im Rahmen ihrer Möglichkeiten zu erfüllen. Klar, einer steht mehr im Mittelpunkt als der andere, trotzdem sollte jedes Teammitglied das Gefühl haben, wichtig zu sein. Oder wer arbeitet schon gerne in einem verdreckten Büro?

Mittlerweile halte ich zahlreiche Vorträge bei den verschiedensten Unternehmen und Institutionen. Dabei ist es immer wieder schön zu beobachten, wenn sich Mitarbeiter großartige Leistungen nicht an ihre Brust heften, sondern davon reden, wie großartig ihr Unternehmen unterwegs ist. Solche Firmenchefs können Stolz auf ihre Mitarbeiter sein. Die Identifikation mit dem Unternehmen kommt aus dem tiefsten Inneren und wird ehrlich nach außen getragen. Mit diesem Feuer können Visionen und Ziele des Betriebes optimal umgesetzt werden. Auf der anderen Seite treffe ich immer wieder Firmenbosse, die über ihre Mitarbeiter schimpfen. Diesen Leuten muss ich dann höflich, aber direkt antworten, dass die Mitarbeiter nur so gut wie ihr Chef sind. Das Sprichwort „Der Fisch fängt am Kopf zu stinken an" trifft das auf den Punkt. Stellen Sie sich vor, Ihr Abteilungsleiter kommt Tag für Tag missmutig und unpünktlich zur Arbeit. Er delegiert kaum, ist entweder zu autoritär oder behandelt die Belegschaft wie Leibeigene. Gibt es Misserfolge, sind immer die anderen schuld. Bei Erfolgen steht er mit geschwellter Brust im Raum und sagt: „Seht her, so macht man das! Mein Verdienst!" Ganz ehrlich: Würden Sie mit so einem Vorgesetzten durch Dick und Dünn gehen? Sich für ihn zu hundert Prozent einsetzen? Wohl nicht …

Bei meinen Projekten war immer klar, was unser Ziel ist: Wir geben unser Bestes! Wir wollen zwar gewinnen, setzen uns aber nicht dem Druck aus, dass wir gewinnen müssen. Ebenso verhält es sich in Wirtschaftsbetrieben. Es muss klar formulierte Ziele, Vorgaben geben und jeder muss davon wissen! Der Chef muss vorbildhaftes Verhalten und Engagement an den Tag legen und zielorientiert arbeiten. Nur auf diese Art und Weise kann der Funke auf die Mannschaft übergreifen. Bei Erfolgen dürfen diese nicht zur Gänze in die Obhut des Chefs fallen. Jeder soll am Erfolg teilhaben. Denn die gesamte Mannschaft hat auch daran gearbeitet. Dieser Erfolg muss an alle Teammitglieder weitergegeben werden. Nicht immer ist Geld die wichtigste Form der Motivation. Auch persönlich ausgesprochenes Lob und Anerkennung oder ein aufrichtiges „Danke" geben Kraft zum gemeinsamen Weiterarbeiten. Hier gibt es keine Unterschiede zwischen Sport, Alltag und Berufsleben. Eine Firma kann nur so gut sein, wie ihr Chef es vormacht. Und als Boss muss ich immer wieder aufs Neue versuchen, meine Mitarbeiter durch meine eigene Leistung zu motivieren. Die Motivation oder die Vorreiterrolle des Chefs muss aber ehrlich sein!

Als ich mich einmal auf das Race Across America vorbereitete, fasste ich einen Arzt ins Auge, der gut ins Team gepasst hätte. Im Zuge der Vorbereitungsgespräche definierten wir seine zu erledigenden Aufgaben. Nach reiflicher Überlegung zweifelte er aber immer mehr an seinen Fähigkeiten: „Ich traue mir das nicht zu!" Im Nachhinein gesehen war ich froh über seine Entscheidung. Er bewies Mut zum „Nein". Wenn ich mir vorstelle, dass ich einen Arzt im Betreuerauto sitzen habe, der völlig überfordert ist, wie soll ich ihm zu hundert Prozent vertrauen? Auch als Mitarbeiter muss ich die Fähigkeit entwickeln, mich selbst einzuschätzen. Überforderung führt zwangsläufig zu einem tiefen Fall. Unterforderung hingegen oft zu Demotivierung. Schätze ich mich realistisch ein, weiß ich, wo meine Fähigkeiten und meine Stärken liegen, werde ich längerfristig mehr Freude an der Arbeit haben.

Wer arbeitet, addiert.
Wer miteinander arbeitet, multipliziert.

Chinesische Weisheit

UNTERBEWUSSTSEIN – IHR KRAFTVOLLER GEFÄHRTE

Im Mai 2001 spulte ich nicht wie gewohnt meine Trainingskilometer auf dem Rad ab, sondern ich befand mich mit festem Schuhwerk und in warme Kleidung gehüllt im Himalaya-Gebiet. Im 6.400 Meter hoch gelegenen „ABC", dem vorgeschobenen Basislager (Advanced Base Camp) des Mount Everest. In der kargen Bergwelt des höchsten Bergmassivs der Welt pfiff uns der eiskalte Wind um die Ohren. Die Stimmung war alles andere als einladend. Wir warteten und warteten, insgesamt 16 Tage lang in dieser trostlosen Zeltlandschaft, auf die perfekten Witterungsbedingungen, um mit dem Aufstieg zum Dach der Welt zu beginnen. Es dauerte nicht lange, bis sich Frust und Lagerkoller breitmachten. Zahlreiche Expeditionen taten es uns gleich und fieberten ihrer großen Herausforderung entgegen. Vorübergehend setzte sich die Sonne gegen das schlechte Wetter durch und ein Kollege wagte den Aufstieg. Wegen einer neuen Schlechtwetterfront musste er sein Vorhaben wieder abbrechen und saß nach zwei Tagen wieder bei uns im Camp. Die schier nie enden wollenden Tage drückten auf unsere Stimmung. Hinzu kam, dass sich der Körper in einer solchen Höhe nicht mehr gut regenerieren kann. Ich spürte, wie ich von Tag zu Tag schwächer wurde, wie der Körper an Kraft und Substanz verlor. Oft saßen meine Bergsteigerkollegen und ich im großen Mannschaftszelt zusammen; um zu essen und die Zeit totzuschlagen. Dabei wurden oft Geschichten von damals und heute erzählt, von Tragödien und Erfahrungen in den Bergen. „Kannst du dich erinnern, als ein Kollege in den französischen Alpen von einer Lawine mitgerissen wurde?", „Während der Besteigung des Nanga Pabat lag plötzlich ein Toter auf dem Weg", „Ein Kollege erfror in Südamerika in einer Gletscherspalte", und so weiter. Allesamt nur negative Geschichten, die noch mehr auf die Stimmung drückten. Ich, das alpinistische Greenhorn, beobachtete die routinierten Bergsteiger, wie sie ihre Geschichten erzählten und verließ bei solchen Gesprächen immer frühzeitig die gesellige Runde. Warum? Ich wusste, dass sich diese Sätze im Unterbewusstsein einnisten, dass Versagensängste geschürt werden. Erinnern Sie sich an Ihre Kindheit zurück? Ich durfte als Kind, das noch Jahre weg vom Teenageralter war, freitagabends immer länger Fernsehen. Da erlebte ich mit gebanntem Blicke die Morde im „Tatort", Gruselfilme und die lebensecht nachgestellten Morde und Raubzüge in „Aktenzeichen XY...ungelöst". Ich saß verkrampft da, die Zeigefinger griffbereit am Ohr, um mich bei der richtig gruseligen Musik schnell taub stellen zu können. Der Adrenalinspiegel stieg ins Unermessliche. Nach jedem dieser wunderbaren Fernsehabende ging ich mit zittrigen Knien ins Bett. Auf dem Weg in mein Zimmer schaute ich verängstigt in jede Ecke und zog mir endlich im Bett angelangt die Decke bis zu den Augenwimpern über den Kopf, spähte zum Fenster und vergewisserte mich mindestens drei Mal, ob ich ja die Schlafzimmertüre versperrt hatte. Konnten Sie nach solchen Filmen gut einschlafen? Und was haben Sie geträumt? Sicher nicht vom Schlaraffenland mit jeder Menge Süßigkeiten und unbeschwertem Leben, von niedlichen Häschen und lustigen Comicfiguren … Angst war vorhanden!

So ereignete es sich auch im „ABC"-Basecamp. Ich drehte quasi den Horrorfilm frühzeitig ab, verließ die Gespräche mit den Bergkameraden. In diesen Tagen Wartezeit im Camp durfte ich mich keinen unnötigen negativen Gedanken aussetzen. Die sind ohnehin überall vorhanden. Wenn ich an meine Zelt-Schlafstätte denke: mit dem Gesicht nach oben, kaum Platz zum Umdrehen, die Zeltdecke befand sich lediglich 20 Zentimeter über meiner Nasenspitze. Und dann diese enorme Geräuschkulisse, der eisige Wind, der ständig an mein Zelt klopfte. An negativen Einflüssen mangelte es bei Gott nicht, an Einschlafen war kaum zu denken! Und das Schlimmste daran war: Die Kollegen nahmen sich mit ihren Geschichten selbst den Mut! Wenn ich mich in den langen Tagen des Wartens nur mit Tragödien einschüchtern lasse, wie vorsichtig werde ich dann beim Aufstieg, wenn ich mit ähnlichen Situationen konfrontiert werde? Wenn ich zum Beispiel heiklen Situationen begegne und der Gedanke taucht auf: Wer ist hier schon aller abgestürzt? Je höher ich steige, an was werde ich wohl denken? Gerade Entschlossenheit ist in vielen Lebenslagen, nicht nur beim Bergsteigen, entscheidend und ein Produkt des Kopfes. Wer kein Selbstvertrauen hat, wird Leistungseinbußen in Kauf nehmen müssen! Wir dürfen uns das Leben nicht selbst unnötig schwer machen. Wenn ich im Base Camp des Mt. Everest sitze, beschäftige ich mich mit möglichst positiven Dingen, sofern das in dieser Ausnahmesituation überhaupt möglich ist. Bei der Ankunft waren noch alle Teilnehmer dieser Expedition motiviert, den Gipfel des Mount Everest zu erreichen. Doch je näher der Tag X rückte, desto gedämpfter wurden die Erwartungen. Sprüche, wie „Es ist ja schon toll, hier zu sein" oder „8.300 Meter (das entspricht dem Hochlager 3 – das letzte Lager vor dem Gipfel) zu erreichen, das wäre was. Der Gipfelsieg ist dann nur noch Zugabe" machten immer öfter die Runde. Sie werden einfach so dahingesagt, beeinflussen aber jeden von uns. Natürlich wollen alle am Gipfel stehen, natürlich sind alle motiviert, es zu schaffen. Doch wer auf 6.400 Meter sitzt und sein Ziel mit den 8.300 Metern vorgibt, wird es nicht oder nur schwer auf die 8.848 Meter schaffen. Im Unterbewusstsein prägt sich die zu erreichende Marke ein. Mehr geht dann nicht – Ziel erreicht, auf Wiedersehen.

Meine dritte Race-Across-America-Teilnahme, im Jahr 1998, bleibt mir nicht nur wegen des Schlüsselbeinbruchs in der finalen Phase in Erinnerung. Dieses RAAM ging auch als eines der heißesten in die Geschichtsbücher ein. Es war am dritten Tag, wir durchquerten gerade Texas. Die Temperatur kletterte unaufhaltsam nach oben, auf unerträgliche 53 Grad Celsius. Es war einer der heißesten Sommer, den dieser Bundesstaat je erlebt hat.

Allen Teilnehmern, vor allem aber uns Mitteleuropäern, setzte diese Hitze enorm zu. Der Fahrtwind blies wie ein voll aufgedrehter Fön entgegen, es gab kaum Möglichkeiten zur Abkühlung. Das Reglement lässt auch nur zu, dass mich meine Betreuer viermal pro Stunde je eine Minute versorgen dürfen; also keine Rede von permanenter Abkühlung. Gut, ich versuchte mich mit genügend Wasser frisch zu halten. Dabei besteht aber die Gefahr, dass sich das Wasser durch das permanente Über-den-Kopf-leeren in der Hose sammelt und den Hintern aufscheuert. Diesen Fehler beging ich bei meiner ersten RAAM-Teilnahme 1996, als ich nach 1.200 Kilometern mit offenem Gesäß knapp vor der Aufgabe stand. Unsere Möglichkeiten waren bis auf Eiswürfelverbände um die Armgelenke, die Stirn und den Nacken erschöpft. Ich besann mich auf meine mentale Stärke und legte mir gedanklich einen kühlenden Mantel um, der mich vor der unerträglichen Hitze schützen sollte. Da mir extrem hohe Temperaturen immer schon zu schaffen machten und sogar Angst einflößten, legte ich im Vorfeld des Rennens während meines mentalen Trainings den Fokus auf diesen

Umstand. Ich spielte das Hitze-Szenario immer wieder gedanklich durch (Ich spüre die Wärme auf meiner Haut/es ist angenehm warm/das Radfahren macht bei Sonnenschein mehr Spaß) und beeinflusste damit mein Unterbewusstsein positiv. Der mentale Trick funktionierte, binnen kürzester Zeit konnte ich mich wieder aufs Radfahren konzentrieren, mit gewohnt hohem Tempo weiterfahren und baute den Vorsprung auf meine Konkurrenten sogar noch aus. Genau in dieser Situation konnte ich die Macht des Unterbewusstseins spüren und als Wettbewerbsvorteil nutzen! In belastenden Situationen dürfen Sie sich nicht selbst unter Druck setzen. Ich vergleiche das mit eislaufen auf dünnstem Eis: Wenn ich zu viel Druck gebe, breche ich ein. Sie dürfen sich keinem Druck aussetzen, zu viel wollen. Bleiben Sie locker!

Das Unterbewusstsein spielt nicht nur bei mir als Extremsportler eine entscheidende Rolle. Wenn ich mir sage, dass es heute schwer geht, dass ich meinen Rhythmus nicht finde, erschwere ich meine Aufgabe zusätzlich. Negative Formulierungen beeinflussen Ihr Unterbewusstsein ebenso wie positive. Sie sind verantwortlich dafür, was Sie denken. Denn: Das Unterbewusstsein lässt sich auch steuern! Bei allen meinen acht RAAM-Starts vollzog ich vor jeder Schlaf- und Ruhepause das gleiche Szenario: Ich führte immer wieder positive Selbstgespräche und bereitete mich gedanklich auf die Schlafpause vor, die meist zwischen 60 und 70 Minuten dauerte. Ich visualisierte, dass ich viel Energie tanken werde, dass ich eine erholsame Pause vor mir habe, nach der ich frisch, munter und energiegeladen wieder aufs Rad steige. Diese positive Beeinflussung des Unterbewusstseins lässt sich auf alle Lebenslagen anwenden. Wenn Sie in der Früh aufwachen und sich sagen, es wird ein toller Tag, ist die Wahrscheinlichkeit größer, dass es tatsächlich ein schöner Tag wird. Ich freue mich auf diesen Tag!

Als ich mich auf die Himalaya-Expedition vorbereitete, mit dem Ziel, den Mount Everest zu besteigen, visualisierte ich immer und immer wieder während des mentalen Trainings das Bild des erfolgreichen Gipfelsieges. Bis zu fünf Mal pro Tag ging ich meine eigens produzierte Mental-CD durch (die Sie im Praxisteil finden), vor allem in der Zeit des Wartens im Base Camp: Ich spürte den Wind, der am Gipfel auf 8.848 Metern vorbeibläst und meine Kleidung durchdringt, ich sah mich auf dem höchsten Berg der Welt stehen und „roch" den Schnee und das Eis. Danach stellte ich mir vor, wie ich genauso langsam und sicher den Abstieg vornehmen werde und heil wieder im Basislager, auf sicherem Terrain, ankomme. Wichtig war für mich dabei, dass ich keine unrealistischen Bilder zuließ. Die positive Beeinflussung darf nicht mit der Realität kollidieren. Ich vermittelte meinem Unterbewusstsein nicht, Eis essend und in Badehose am Dach der Welt zu stehen!

Es zählt allein, was Sie tun,
nicht das, was Sie anderen zu tun empfehlen.

Mit Hilfe des Mentaltrainings können Sie bewusst Ihr Unterbewusstsein steuern, mit positiven Gedanken füttern. Aber die Fortschritte sind nur langsam spürbar! Sie dürfen nicht erwarten, dass die Visualisierungs- und Suggestionsübungen schnell Erfolg haben. Oft hat man den Eindruck, dass man lange für nichts übt. Leider brechen in dieser Zeit viele das Training ab, „das bringt doch nichts". Ich aber sage: Glauben Sie an die Macht des Unterbewusstseins. Denn nur wenn Sie daran glauben und konsequent arbeiten, werden Sie Ihren Erfolg ernten.

Die Kraft des Unterbewusstseins

Das Unterbewusstsein ist wahrscheinlich das effizienteste Instrument in unserem Körper, das wir besitzen. Vergleichbar mit der Festplatte eines Computers mit unendlicher Speicherkapazität. Erinnerungen werden dabei nie gelöscht, egal ob es sich um positive oder negative handelt. Egal, welche Gedanken, Meinungen, Empfindungen oder Sinneseindrücke Sie sich in Ihr Unterbewusstsein einprägen, sie werden sich verwirklichen und Gestalt annehmen! Sie können dem Unterbewusstsein vermitteln, was Sie wollen. Aber es wird nur das umsetzen, was Sie sich tatsächlich vornehmen! Wenn Sie planen, 50 Kilometer Rad zu fahren, nach 20 km aber bereits mit dem Gedanken spielen, 40 km reichen auch, werden Sie Ihr ursprüngliches Tagesziel nur schwer erreichen. Weil Ihr Unterbewusstsein ab einer Distanz von 40 km sagt: Halt, es reicht schon. Ziel erreicht! Wir machen uns immer so viele

Gedanken über das Bewusstsein und so wenige übers Unterbewusstsein. Wir wissen nicht, wie einfach dieses funktioniert. Es wartet nur darauf, gefüttert zu werden, und es verhält sich wie mit einem Computer: Das Unterbewusstsein ist das Programm und bestimmt, was wir tun und wie wir funktionieren. Unser Unterbewusstsein registriert, was wir sehen, hören, fühlen, wahrnehmen und erleben. Es reagiert nicht nur auf das, was wir aufmerksam wahrnehmen, sondern auch auf Ereignisse oder Dinge, die wir oft gar nicht bewusst beachten.

Die Gesundheit ist wie das Salz.
Man bemerkt es nur, sobald es fehlt.

Das Unterbewusstsein kontrolliert alle wichtigen Lebensvorgänge und ist für das richtige Funktionieren des gesamten Organismus zuständig. Im Gegensatz zum Bewusstsein arbeitet es Tag und Nacht und hat seine Tore immer geöffnet. Beide Typen haben eines gemeinsam: Es werden alle Traumata und Erlebnisse gespeichert und verarbeitet. Im Gegensatz zum Bewusstsein ist das Unterbewusstsein nicht auf Sachverhalte und logische Zusammenhänge angewiesen. Es beschert Ihnen die Albträume nach einem nervösen, schlimmen Tag oder nach einem Horrorfilm. Die Angst vor dem Unbekannten und Kommenden wird transportiert und an die körperliche Ebene weitergegeben: Die Folge sind Zittern, Schweißausbrüche oder Verkrampfung. Ebenso verhält es sich in die positive Richtung: Wie schon der Arzt und Philosoph Paracelsus (1493 – 1541), der die immensen Kräfte des

Unterbewusstseins erkannte, sagte: „Der Arzt verbindet die Wunde, aber für die Heilung ist jeder selbst verantwortlich! Entscheidend ist der innere Arzt." Unter die Lebensvorgänge, die vom Unterbewusstsein kontrolliert werden, fällt auch die Heilung. Wir alle tragen den „inneren Arzt" in uns. Nur, seine Kraft muss erkannt werden! Krankheiten sind immer nur ein Hilferuf des Organismus und wenn es bereits zu spät ist, wenn die Krankheit bereits ausgebrochen ist, konsultieren wir einen Arzt. Jeder von uns, der seinen Körper unter Kontrolle hat, besitzt die Fähigkeit, anbahnende Wehwehchen frühzeitig zu erkennen. Wie bei meinem dritten Race Across America 1998. Vom Start weg lief es nicht nach Plan. Es war irrsinnig heiß und am zweiten Tag kündigte sich ein Sonnenstich an. Zudem gesellte sich zu den Magenproblemen auch noch Fieber! Für einen, der den ganzen Tag am Rad sitzen muss, ist das natürlich die Hölle. Mein betreuender Arzt sagte am Vormittag des zweiten Tages lapidar: „Wolfgang, wenn du bis zum Nachmittag nicht fieberfrei bist, müssen wir eine längere Pause machen oder dich im schlimmsten Falle aus dem Rennen nehmen!" Ich sagte mir, das kann er doch nicht machen. Ich bin hier, um ein gutes Rennen zu fahren und nicht, um am zweiten Tag aufzugeben. Ich sprach permanent mit mir und redete mir ein: Ich bin ganz gesund, bin fieberfrei, es geht mir gut, ich bekomme viel Druck aufs Pedal. Die Autosuggestionen wirkten sich in diesem Falle positiv auf mein Unterbewusstsein aus! Und siehe da: Mein Unterbewusstsein sorgte dafür, dass ich am Nachmittag fieberfrei war. Die Macht Ihres Unterbewusstseins wird auch Ihnen Gesundheit bringen! Es werden

Kräfte wachsen, mit denen Sie nie gerechnet hätten! Sie müssen aber daran glauben!

Die wirkliche Stärke erfolgreicher Menschen
liegt in ihrem Unterbewusstsein.

Welchen Einfluss das Unterbewusstsein tatsächlich ausüben kann, spürte ich auch im Zuge meiner Mt.-Everest-Expedition. Im Vorfeld dieses Projektes akklimatisierte ich mich am Nyanchen Thanglha, einem 7.117 Meter hohen Koloss im Transhimalaya. Es war quasi ein Testlauf, eine persönliche Qualifikation für den Everest. Aber als ich Lhasa erreichte, bekam ich fürchterliches Zahnweh. Von Tag zu Tag wurden die Schmerzen unerträglicher. Ich dachte, ich könne sofort wieder die Heimreise antreten. Mit diesen Unerträglichkeiten kann ich das Projekt Mount Everest sofort begraben. Die Voraussetzungen waren nicht ideal und ich beschloss, ein Krankenhaus aufzusuchen. Dort sah es aber aus wie in einem europäischen vor 100 Jahren: Sehr spartanisch eingerichtet, es gab keine Röntgengeräte. Ich hatte tatsächlich Angst und keinen blassen Schimmer, was mir der Arzt riet. Danach ging ich wieder ins Hotel und rief in Österreich an, ließ mich mit einem Zahnarzt verbinden. Kurz vor meinem Abflug nach Asien hatte ich alles durchchecken lassen, mein Arzt meinte nur, es könne nichts Schlimmes sein, es stecke nichts dahinter. „Die Schmerzen treten wegen der Höhe auf, das vergeht", beruhigte er mich. Ich wurde tatsächlich gelassener und der Spaß an der Sache stellte sich wieder ein. Das Vertrauen in meine Gesundheit war wieder da und die negativen Gedanken sowie die Schmerzen waren innerhalb weniger Tage wie weggeblasen. Mit Begleitern brach ich kurze Zeit später zum Basislager des Nyanchen Thanglha auf und ich bestand die Qualifikation auf dem 7.000er. Danach ging's wieder für drei Tage zurück nach Lhasa, um die Kleidung zu waschen, mit der Heimat zu kommunizieren, die letzten Vorbereitungen für die Everest-Expedition zu treffen. Mit einem Jeep fuhren wir zum Basislager an der Nordseite des Massivs. Von dort marschierten wir nach einigen Tagen Aufenthalt im Basislager auf 5.300 Metern zum zwei Tage entfernten „ABC"-Basecamp auf 6.400 Metern. Die Zahnprobleme waren wie weggeflogen. Einerseits durch das Vertrauen in den Arzt, andererseits hatte ich mein kurzfristig aus den Augen verlorenes Ziel wieder gefunden und zwei Wochen später in die Tat umgesetzt: Ich stand auf dem Dach der Welt!

Beeinflussen Sie Ihr Unterbewusstsein

Bereits im Kindheitsalter wird unser Unterbewusstsein von Suggestionen beeinflusst. Meist sind es negative: Greif nicht auf die Herdplatte, sonst verbrennst du dir die Hand! Setz dir eine Haube auf, damit du nicht krank wirst! Klettere nicht auf den Baum, sonst fällst du herunter! Geh nicht auf die Straße, sonst passiert was Schlimmes! Warum probieren Sie es nicht einmal mit folgenden Sätzen: Setz dir eine Haube auf, damit dir warm wird! Klettere nicht zu hoch auf den Baum, dass du auch wieder runterkommst! Pass auf die Autos auf, wenn du über die Straße gehst!

Schon in der Kindheit wird uns mehr Angst und weniger Selbstbewusstsein eingetrichtert. Die Wahrscheinlichkeit ist höher, dass die Formulierungen eintreten. Versuchen Sie negative Gedankengänge zu streichen. Meist wird Ihnen das nicht gelingen, denn durch äußere Einflüsse ist es oft nicht möglich, alle negativen Gedanken zu verbannen. Versuchen Sie, diese negativen Überlegungen positiv zu besetzen. Als kleiner Junge war ich schon vom Fliegen fasziniert. Jedem Flugzeug, das über unsere steirische Heimat brauste, starrte ich nach. Ich wusste schon damals: Eines Tage will ich auch in einem Cockpit sitzen und einen Steuerknüppel bedienen. Es hat fast ein halbes Leben gedauert, ehe ich meine Vision vom Fliegen umsetzen konnte. 2004 war ich schließlich stolzer Besitzer des Pilotenscheins! Klar tauchten bei mir als kleinem Jungen immer wieder Zweifel auf: Ob ich das tatsächlich schaffen kann? Lassen Sie deshalb nicht zu, dass sich negative Formulierungen in Ihrem Unterbewusstsein eingraben. Wenn sie optimistisch und offen durchs Leben gehen, wenn Sie an Ihren Zielen und Visionen festhalten, wird Ihr Unterbewusstsein Ihre positive Lebenseinstellung fördern!

Stellen Sie sich vor, Sie spielen eine Runde auf dem Golfplatz, mehr schlecht als recht. Es kommt die Situation, dass Sie den Ball über das Wasserhindernis schlagen müssen. Es läuft gar nicht gut für Sie, eine vermurkste Situation jagt die nächste. Wenn Sie sich nun gedanklich gut zureden und immer wieder vorsagen: „Ich werde nicht ins Wasser schlagen! Der Ball fliegt nicht ins Wasser" – so kennt Ihr Unterbewusstsein den Begriff „nicht" nicht.

Dieses abstrakte Wort ist bildlich nicht darstellbar. Begriffe wie „Ball" oder „Wasser" hingegen schon und können sinnlich wahrgenommen werden. Versuchen Sie es vor dem Abschlag mit folgender Aussage: „Ich werde einen präzisen Schlag weit übers Wasser machen. Der Ball wird in der Nähe des Greens landen und ich loche erfolgreich ein." Das Unterbewusstsein kennt die Worte „Ball", „Schlag" und „Green". Sie werden einen wunderschönen Schlag machen!

Das „Brett-Beispiel" ist mittlerweile ein richtiger Klassiker, das ich immer wieder in meinen Vorträgen erläutere: Stellen Sie sich ein Brett, das vor Ihnen auf dem Boden liegt, von rund 30 Zentimetern Breite und zehn Metern Länge vor. Sie werden problemlos darüber balancieren können. Nun legen Sie das Brett über einen Bach in zwei Metern Höhe. Haben Sie Probleme, rüberzugehen? Und was passiert, wenn das Brett in 20 Metern Höhe über einer Schlucht zwei Hänge miteinander verbindet? Wagen Sie sich über das gleiche Brett, das vorhin noch am Boden lag? Der Gedanke abzustürzen wird immer größer! Das Golfspiel und die Überquerung der Schlucht sind einfach auf andere Bereiche übertragbar. Wenn Sie eine Diät mit „nicht essen", Hunger, leerem Kühlschrank, Bewegung, die mir schwer fällt, leerem Magen, Zeit, die ich nicht habe, gleichsetzen, wird es Ihnen schwerer fallen abzunehmen. Besetzen Sie aber eine Diät gedanklich mit Vitalität, Gesundheit, Erfolg und mehr Elan, steigen Ihre Erfolgsaussichten dramatisch. Beschreiben Sie Ihre Essgewohnheiten so detailliert wie möglich und stellen Sie einen emotional positiven Konnex her. Wenn Sie an Ihre Ziele denken, formulieren Sie diese emotional und bildhaft! Und führen Sie das ständig durch. Denn die Auseinandersetzung mit dem Unterbewusstsein ist eine immerwährende Übung! Tag für Tag geht es für Sie darum, die positive Macht über das Unterbewusstsein auszudehnen!

Stärken Sie Ihr Unterbewusstsein

Die beste Zeit, das Unterbewusstsein mit positiven Formulierungen und Gedanken zu beeinflussen, ist kurz vor dem Schlafengehen und kurz nach dem Aufwachen. Zu diesen Zeiten ist es am aufnahmefähigsten. Gerade dann, wenn der vorangegangene Tag Geschichte und der neue noch nicht angebrochen ist, können Sie Ihr Unterbewusstsein positiv mit Affirmationen (selbststärkende und bekräftigende Worte und Sätze) beeinflussen. Denken Sie an schöne Gefühle, die Sie hatten, oder an wunderbare Momente des Tages. An die Ziele, die Sie erreicht haben oder erreichen werden. Und greifen Sie das Gefühl auf, positive Geschehnisse wieder erleben zu wollen! Visualisieren Sie diese Vorstellungen, stellen Sie sich die dazugehörigen Bilder vor, lassen Sie diese in Ihrem eigenen, inneren Kino ablaufen. Untermalen Sie diesen „inneren Film" mit Ihrer Lieblingsmusik und versuchen Sie Ihren Lieblingsduft einzufangen. Während Sie schlafen, beschäftigt sich das Unterbewusstsein pausenlos mit den programmierten Thematiken. Das Ergebnis wird Ihnen recht geben:

Sie wachen frischer auf, optimistischer und besser gelaunt. Ein erfolgreicher Tag beginnt mit jenen Gedanken, mit denen Sie am Vorabend zu Bett gehen! Also achten Sie darauf, dass Sie mit positiven Gedanken schlafen gehen. Kurz nach dem Aufwachen, wenn man sich noch in einem entspannten Zustand befindet und das Unterbewusstsein sehr aufnahmefähig ist, ließ ich mir immer die Worte Gesundheit, Kraft, Harmonie, Glück und Zufriedenheit durch den Kopf gehen; ganz einfach meine Schlüsselwörter. Es handelt sich dabei um Ihre ganz persönlichen Wörter mit individueller Bedeutung. Einer setzt auf Schlankheit, der andere auf Gesundheit. Vergessen Sie nie: Das Unterbewusstsein ist Ihr kraftvoller Gefährte! Ändern Sie in der Früh, am Abend, aber auch untertags die Inhalte Ihres Denkens und so ändert sich Ihr Leben. Speichern Sie schöne Gedanken, mit allem, was Sie glücklich macht. Nutzen Sie die schöpferische Kraft des Unterbewusstseins, das in Ihnen wohnt, und die Kraft wird nie versiegen!

Entdecken Sie die Lust am ständigen Üben

Ihr Motto sollte lauten: Üben, üben, üben! Denn nur dann werden Sie sich verbessern. Sie können das gar nicht verhindern. Zumindest werden Sie sich bis zu einem gewissen Grad verbessern. Bin ich zum Beispiel absolut unmusikalisch, übe aber trotzdem ständig, werde ich zwar kein neuer Mozart, aber ich werde mich verbessern. Die Lust am Üben und Trainieren ist hierbei entscheidend. Ich

126

Vitalität, Harmonie∞, Erfolg,
Zufriedenheit, Liebe

habe das vor allem beim Laufen herausgefunden: Zu Beginn der Laufsaison macht es wenig Spaß. Deshalb beginne ich nicht mit einer einstündigen Laufeinheit, sondern gehe und laufe abwechselnd über eine kurze Zeitspanne. Wenn ich Fortschritte mache, immer besser den Rhythmus finde, wird es automatisch mehr Spaß machen. Auf die richtige Dosis kommt es an!

Der einzige Beweis für Ihre Fähigkeiten
sind sichtbare Leistungen.

Visualisieren Sie Ihre Gedanken!

Jeder von uns ist in der Lage, sein Unterbewusstsein negativ oder positiv zu steuern. Es arbeitet hauptsächlich mit Bildern und Gefühlen. Denken Sie nur an die Werbung, deren generierte Bilder, die beispielsweise Freiheit, Erfolg oder Glück symbolisieren, sich auf unser Unterbewusstsein niederschlagen. Die Wirkungsmechanismen der Werbung liegen früher wie heute im Dunkeln, sind nicht greifbar und auch nur schwer messbar. Henry Ford prägte den markanten Spruch: „Ich weiß, die Hälfte meines Werbebudgets ist hinausgeworfenes Geld. Ich weiß nur nicht, welche Hälfte!"

Visualisieren Sie Ihre Gedanken vor Ihrem geistigen Auge! Klingt kompliziert, ist es aber nicht. Glauben Sie an die positiven Ideen und Gedanken, die in Ihnen schlummern. Sie sind wirklich existent und werden eines Tages, wenn Sie unbeirrt daran festhalten, Gestalt annehmen. Machen Sie sich ein klares, aber nicht verfälschtes Bild von dem, was Sie erreichen wollen. Diese Technik des Visualisierens läuft wieder auf den „inneren Film" hinaus. Sie sehen sich so, als ob Ihre Wirklichkeit wahr geworden wäre: Sie sitzen in Ihrem neuen Haus vor dem Kamin oder Sie bekommen ein Jobangebot für eine gut bezahlte Stelle. Sie schlendern händchenhaltend mit der großen Liebe durch Venedig oder Sie sehen sich beim Vorstellungsgespräch sitzen. Erfolg haben heißt Erfolg zu leben. Alle Zustände, wie Frieden, Harmonie, Gesundheit, Liebe oder Glück, sind geistigen Ursprungs und entspringen dem tiefen Ich des Menschen. Glücklich und zufrieden ist der, der nicht selbstsüchtig seinen Weg geht, sondern auch seine Mitmenschen mit einbezieht. Wollen sie zum Beispiel Arzt werden, dürfen Sie sich nicht damit zufrieden geben, die letzte Uniprüfung geschafft zu haben. Ihr Beruf fängt danach erst an!

Wenn das Leben keine Visionen hat,
nach denen man sich sehnt,
die man verwirklichen möchte,
dann gibt es auch kein Motiv,
sich anzustrengen.

Warum ist der eine Mensch glücklich und der andere nicht? Warum vollbringt einer geniale Leistungen und der andere nicht? Warum übersteht einer unheilbare Krankheiten und der andere geht daran zugrunde? Warum hat er eine tolle und harmonische Beziehung und ich dümple von

128

einer Liebschaft in die nächste? Die Antwort darauf wird Sie sicher nicht überraschen: Jeder ist seines eigenen Glückes Schmied! Allerdings muss auch jeder von uns seinen Teil dazu beitragen und bewusst positiv denken! Denken Sie daran, dass Ihre Gedanken im Unterbewusstsein aufgezeichnet werden und Ihr Leben bestimmen. Jemand, der keine Ziele hat und sich permanent über das Glück anderer beschwert, wird weiterhin nicht vorwärtskommen und nichts an seiner Situation wird sich ändern. Prägen Sie sich Ihre eigenen Schlüsselwörter, wie zum Beispiel Erfolg, Glaube, Glück, Gesundheit und Zufriedenheit, immer wieder aufs Neue ein. Während meiner Vorträge lerne ich immer wieder interessante Menschen kennen, die sich immer wieder die Wörter **Erfolg** und **Karriere** suggerieren, und der Erfolg gibt ihnen recht.

Rituale

Über die Kraft und Wichtigkeit des Unterbewusstseins herrscht im Spitzensport Einigkeit. Mittels eintrainierter Handlungen können Spitzensportler ihre Programme, die im Training eingespeichert wurden, im Wettkampf abrufen. Ein Slalomfahrer zum Beispiel, der kurz vor dem Start seinen Lauf vor dem geistigen Auge absolviert; mit geschlossenen Augen symbolisiert er mit seinen Händen den Weg durch die Torstangen. Oder ein Skispringer, der vor seinem Sprung nervös die Brille zurechtrückt, die Bindungen zigmal überprüft und sich noch schnell bekreuzigt. Durch diese als nervöses Gepländel abgetanen Handlungen bauen sich Sportler die notwendige Konzentration und ihren Spannungsbogen auf. Solche Rituale findet man auch im Wirtschaftsleben. Ein Verkäufer zum Beispiel, der sich noch schnell selbst im Spiegel anlächelt, ehe er die Kundschaft zur Kassa bittet. Oder ein Manager, der jedes Mal die Faust ballt, eher er in die Sitzung schreitet. Das Ziel ist überall dasselbe: Wahrung der Konzentration und Fokussierung auf das Wesentliche. Vielleicht haben auch Sie Ihre ganz persönlichen Rituale. Vielleicht gehen Sie vor einem Meeting zum Energietanken noch kurz an die frische Luft?

Rituale im Leben sind wichtig, um gespeicherte Suggestionen abzurufen, Stichwort Automatismus: Es geht darum, Bewegungsabläufe im Unterbewusstsein einzuspeichern, um sie immer wieder abrufen zu können. Auch im Alltagsleben haben sich eine ganze Menge Aktivitäten automatisiert. Denken wir nur alle an die ersten Fahrstunden, an das Spiel zwischen Kupplung und Schaltung. In bin sicherlich nicht der Einzige, dem in den ersten Fahrstunden ab und zu das Auto abgestorben ist und der dadurch in Stresssituationen kam. Heute denke ich nicht mehr daran. Das Auto fährt wie von selbst.

Rituale werden häufig von der Werbeindustrie eingesetzt. Hier geht es vor allem darum, immer wiederkehrende Suggestionen zunutze zu machen. Wenn Sie im Fernsehen Werbung für ein bestimmtes Produkt sehen, es optisch und akustisch zuordnen können, den Slogan kennen, auch positiv gemachte Erfahrungen damit verbinden, dann haben Sie letztlich das große geschwungene M von McDonalds vor Ihrem geistigen Auge (Suggestion), wenn Sie nur den Slogan „I'm lovin' it" (Ritual) sehen und hören.

Rituale helfen Ihnen auch dabei, unterschiedliche Aufgaben voneinander zu trennen. Zum Beispiel Beruf und Freizeit. Wenn Sie nach Hause kommen und Ihre Aktentasche im Abstellraum deponieren, lassen Sie Ihren Job damit hinter sich, sobald die Türe geschlossen ist. Oder wenn Sie nach Dienstschluss Ihren Rechner abschalten oder die Bürotüre schließen. Handlungen alleine sind zu wenig, entscheidend ist, dass Sie sich diese Situationen bewusst machen und mit einer Folgewirkung assoziieren: Wenn ich den Rechner runterfahre, ist Schluss!

DIE WERTSCHÄTZUNG DES EIGENEN ICHS

Im Jahr 1999 stellte ich einen neuen Weltrekord auf: Die Fahrt „Quer durch Australien" von Perth nach Sydney schaffte ich in sieben Tagen und 17 Stunden. Wenige Jahre später, im Oktober 2001, kehrte ich wieder nach Australien zurück. Diesmal zu einem Rennen im Nordosten des Inselkontinents, ein Mountainbikerennen über 14 Etappen: die Crocodile Trophy. Dieses Rennen zeichnet sich aus durch eine Mischung aus gemütlicher Familienatmosphäre, gepaart mit beinharten Rad-an-Rad-Duellen. Bis zur drittvorletzten Etappe lag ich an der aussichtsreichen zweiten Stelle im Gesamtklassement. Alles lief nach Plan. Wie in der Woche zuvor campierten wir im Nirgendwo, fanden einen halbwegs angenehmen Platz, womöglich frei von Schlangen, und bauten unsere Zelte auf. Daneben wurde die Feuerstelle angerichtet. Das Rad lag wie jeden Tag in der Nähe des Zeltes. Aber an diesem Abend versuchte sich ein unter Zwanzigjähriger als Lastwagenfahrer. Für mich kein Problem, für mein Mountainbike jedoch schon. Der Teenager übersah es und rollte mit dem tonnenschweren Gefährt drüber. Das Rad war im Eimer, es war für die letzten drei Tage unbrauchbar. Ersatzrad hatte ich keines dabei, so musste ich das Angebot des Veranstalters, der mir eines zur Verfügung stellte, annehmen. Problematisch war: es war viel zu klein, hatte keine Federgabel und ich fühlte mich nicht wohl darauf. Das spürte ich am nächsten Tag, als wieder eine Etappe durch die nordaustralische Wüste über Steinböden und Morast auf dem Programm stand. Meine Konkurrenten starteten mit einem Mördertempo, ich geriet gleich nach dem Start chancenlos in Rückstand. Die Gesamtwertung war dahin, ebenso die Lust am Mountainbiken. Im Nachhinein betrachtet hätte ich das Rad des Veranstalters nicht annehmen und einige Urlaubstage einlegen sollen. Es ging nach dem Rad-Crash bei der Crocodile Trophy nicht darum, dass ich mir keine Niederlage eingestehen konnte. Es ging vor allem darum, sich selbst zu erkennen. Es war ein Punkt erreicht, wo ich „Nein" hätte sagen sollen. Dieses konkrete Nein hätte nicht bedeutet, dass ich nicht will, sondern dass ich nicht kann!

Wer einmal sich selbst gefunden hat,
der kann nichts auf dieser Welt mehr verlieren.

Seien Sie ehrlich zu sich selbst! Als Raucher, der sich selbst belügt, wenn er behauptet, er qualme nur zehn Stück Zigaretten pro Tag, in Wahrheit kommt er aber auf ein Packerl. Oder wenn Sie Sport betreiben, ist es ein Unterschied, ob Sie pro Tag 13,5 oder 14 Laufkilometer ins Trainingsbuch schreiben. Die Differenz beträgt immerhin mehr als 180 Kilometer pro Jahr! Die Aufrichtigkeit vor sich selbst ist ein wichtiger Punkt, um Körper und Geist zu beherrschen und sich selbst den richtigen Stellenwert in den verschiedenen Bereichen des Lebens zu geben. Immer wieder geschieht es, dass man mit einer Notlüge ein kleines Versehen oder einen Fehler überspielen will. Eine Geschichte wird erzählt, dann nochmals, dann noch einmal, am nächsten Tag wieder und man beginnt, sie selbst zu glauben. Man bildet sich seine eigene Wahrheit!

Leben Sie Ihren Traum
und verabschieden Sie sich von Ihren Ausreden!

Handelt es sich nicht um Lügen oder Notlügen, so sind es Ausreden, die uns davon abhalten, die Wahrheit als solche zu erkennen. Sie müssen lernen, Ausflüchte als solche zu erkennen und allmählich abzustellen. Denn Hand in Hand mit den Ausreden kommen Zweifel auf und beides vereint bringt uns von unserem Ziel ab. Unser Bestreben kann es somit nur sein, die Wahrheit zu identifizieren. Denn Lügen haben in Ihrem Leben, das Sie mit Zielen und Visionen planen, keinen Platz!

Sind Sie nicht ehrlich zu sich selbst, wäre es der erste Schritt in die richtige Richtung, sich bei jeder noch so kleinen Unehrlichkeit vorzunehmen, ehrliche Antworten zu formulieren. Wenn Sie abnehmen möchten, denken Sie bewusst an alle Nahrungsmittel, die Sie im Laufe eines Tages zu sich nehmen. Und verzichten vielleicht einmal auf das Stück Torte zum Nachmittagskaffee. Denn die Selbstlüge lautet oft: „Daran wird es schon nicht liegen, dass ich nicht abnehme!" Wenn Sie für eine wichtige Prüfung lernen und letztendlich scheitern, gestehen Sie sich ein, dass Sie manche Themenbereiche ausgeklammert haben („Musste er das prüfen?", „Das werde ich eh nicht gefragt, das kann ich schon!"). Oder wenn Sie einfach zu wenig Zeit investiert haben („Studentenjob, Freundin, Freizeit, Prüfungsstress … wer soll das unter einen Hut bringen?"). Auch wenn Sie das Rauchen beenden wollen, seien Sie ehrlich zu sich selbst und überlegen Sie, wie viele Zigaretten Sie ganz genau geraucht haben: Waren es fünf, sieben, zehn oder zwanzig? Letztlich schaden Sie niemandem mehr als sich selbst und vor allem Ihrer Gesundheit!

Reden Sie mit sich selbst!

Die Gratwanderung zwischen Ehrlichkeit und Unehrlichkeit sich selbst gegenüber ist immer ein Versuch, auch den Niederlagen etwas Positives abzugewinnen. Die Gefahr ist dabei permanent vorhanden, sich selbst zu belügen. Umgekehrt verhält es sich auch bei Erfolgen so. Nur wenn Sie Visionen für sich selbst in die Realität umsetzen, werden Sie erfolgreich sein. Ein Sprichwort sagt: Selbstlob stinkt! Ich sage aber: Selbstlob stinkt nicht, sofern ich es für mich im Stillen mache! Warum auch nicht, wenn Sie etwas gut gemacht haben? Wie oft bin ich für mich selbst ein „Trottel", der nichts zustande bringt? „Warum schaffe ich das nicht?", „Jetzt mache ich schon wieder den gleichen Mist!", „Ich bin zu blöd dafür!". Warum versuchen Sie nicht einmal das Gegenteil? Gehen Sie her und loben sich: „Das habe ich gut gemacht", „Ich bin stolz auf mich" oder „Das war eine gute Leistung". Jeder Mensch spricht zu sich selbst. Manchmal öffentlich, was in den seltensten Fällen von den Mitmenschen gutgeheißen wird, zumeist jedoch unbewusst. Aber: Selbstgespräche sind für uns unumgänglich und eine weitere Möglichkeit, unser Unterbewusstsein mit positiver Energie zu füttern.

Anderen Menschen geben wir gerne Ratschläge, warum nicht auch uns selbst?

Im Leben eines Sportlers kommt dem Mentaltraining eine enorm wichtige Bedeutung zu. Im Grunde handelt es sich dabei um eine Form der Selbstgespräche oder Suggestionen, die man sich selbst gibt. Um das Selbstgespräch in Form von Gedanken kommt keiner von uns rum. Entsprechend wichtig ist es, dieses auf kultivierter und zum persönlichen Vorteil auszunützender Basis zu betreiben. Am Beginn dieses Buches habe ich über Träume und die Erreichung der daraus resultierenden Ziele geschrieben. Im ersten Schritt wird eine Vision konkretisiert. Danach folgt es zu einer Bekanntgabe des Zieles

(„Weißt du schon das Neueste, ich werde mich selbstständig machen!" oder „Mutter, ich will das Race Across America fahren!"), das aber nicht immer mit Gutdünken der Gegenseite belohnt wird. Sprechen Sie ein Ziel, das anderen Menschen unrealistisch erscheint, sich aber in Ihrem Innersten gefestigt hat an, stoßen Sie dabei auf wenig Gegenliebe. Im Extremfall werden Sie sich die Argumente durch den Kopf gehen lassen und das Ziel schließlich wieder ad acta legen. Bevor Sie also mit anderen Menschen über Ihre Ziele reden, sollten Sie sich vorher damit selbst konfrontieren; alle Vor- und Nachteile abwägen, mit Ihrem inneren Ich durchdiskutieren.

Wenn ich mit mir spreche, soll das nicht in der Öffentlichkeit passieren. Nach meinen Vorträgen, wo ich auf der Bühne vor einem Publikum stehe, gehe ich nicht her und sage: „Wolfgang, das hast du prächtig hinbekommen!" Es könnte rasch ein schlechter Eindruck entstehen. Ich bevorzuge bewusste Selbstgespräche und Selbstbelobigungen, wenn ich alleine bin, wenn ich mich auf der Heimfahrt befinde.

In meinen Jahren als Extremsportler hatten Selbstgespräche eine große Bedeutung. Stellen Sie sich vor, Sie fahren 5.000 Kilometer quer durch Amerika und niemand – abgesehen von den kurzen Small Talks mit der Betreuercrew – redet mit Ihnen? Sie würden verrückt werden. Während eines Race Across America habe ich nicht die ganze Zeit, in der ich alleine war, mit mir geredet. Wenn, dann sprach ich mir Mut zu, lobte mich selbst. In der übrigen Zeit versuchte ich mich abzulenken, merkte mir die Autonummern vorbeibrausender Trucks oder addierte die Meilen bis zur nächsten Zeitstation.

Ich habe schon darüber berichtet, dass Sie bestimmte Wörter aus Ihrem Wortschatz verbannen sollen. Versuchen Sie jetzt Folgendes: Stehen Sie in der Früh auf und verwenden Sie bestimmte Worte nicht mehr. Sagen sie einen Tag lang „dürfen" und nicht „müssen". „Ich darf heute zur Arbeit gehen" statt „Ich muss heute zur Arbeit gehen".

VERÄNDERUNG ALS CHANCE

Wenn von Visionen die Rede ist, denken viele unweigerlich an die großen Visionäre vergangener Zeiten. Ob ein Napoleon, der für Frankreich in die Schlachten gezogen ist, um es zur Weltmacht zu führen, oder ein Cäsar, der über Leichen ging, um das Römische Reich als Weltmacht zu festigen. In jedem von uns steckt ein Visionär, möglicherweise in kleinerem und bescheidenerem Maße. Jeder von uns hat Visionen und Ziele, die seinem Leben eine bestimmte Richtung geben und somit Veränderungen bringen. So auch bei mir. Ich absolvierte eine Malerlehre, eine Ausbildung zum Einzelhandelskaufmann, verpflichtete mich vier Jahre zum Bundesheer und führte ein Lebensmittelgeschäft. Auch als Sportler suchte ich mir immer wieder neue Herausforderungen. So hätte ich mir, wie mein langjähriger Kontrahent Rob Kish

(USA, dreifacher RAAM-Sieger), nicht vorstellen können, 20 Mal beim Race Across America zu starten. Acht Teilnahmen waren für mich genug! Ich konzentrierte mich auf Wettkämpfe verschiedener Art, wie das XXAlps, die Crocodile Trophy (ein Mountainbike-Etappenrennen in Australien), die Le Tour Direct (ein Nonstoprennen quer durch Frankreich auf den Spuren der Tour de France), das Race Across the Alps oder 2004 und 2005 das Raid Provence Extreme, ein bergiges Eintagesrennen in der Provence, das als erste offizielle Ultra-Europameisterschaft geführt wurde. Schon in meiner Sportlerkarriere versuchte ich, meine Fühler nach neuen Möglichkeiten, nach neuen Bereichen auszustrecken. Es war nach meinem fünften Start beim Race Across America im Jahr 2001. Ich suchte nach einer neuen Herausforderung und wurde in meinen Träumen auch bald fündig.

Berge spukten schon lange durch meinen Kopf, Erfahrungen mit Alpinismus hatte ich bis zu diesem Zeitpunkt kaum; abgesehen von einer Trekking-Tour in Nepal, ein paar Wanderungen in den Alpen und der gescheiterten Aconcagua-Expedition im Jänner 2000. Keine überwältigende Bilanz, aber die Faszination des Mount Everest war intensiv genug, um die Besteigung des höchsten Berges der Welt als mein neues mittelfristiges Ziel zu definieren. Diese Veränderung war keine leichte, denn bis dato kannte ich Berge nur aus der Sattelperspektive.

Ich besorgte mir Bücher und Fachliteratur, las Berichte von erfahrenen Bergsteigern. Gleichzeitig brach ich zu meinen ersten leichteren Bergtouren auf und steigerte mich kontinuierlich. Meine körperlichen Voraussetzungen waren natürlich gegeben, aber die Zeit war knapp, lediglich ein halbes Jahr blieb mir, um mich vom „Wandertouristen" zum ernsthaften Bergsteiger zu entwickeln. Ich nahm das Abenteuer an, weil die Herausforderung groß genug war. Ungeachtet möglicher Risiken lernte ich die Techniken, um mich auf Eis und Schnee fortzubewegen. Schließlich glückte die Besteigung des Mount Everest am 23. Mai 2001 um 13 Uhr und es erfüllte sich ein Traum für mich. Ich stand am Gipfel der Welt und doch wieder am Anfang: Was kommt als nächstes? In den Folgejahren kehrte ich wieder zum Radsport zurück …

In den letzten Monaten und Jahren meiner Radsportkarriere stellte ich mir oft die Frage: Wie sehen meine langfristigen Ziele aus? Wo stehe ich in zehn oder 15 Jahren? Mein kurzfristiges Ziel war es, nach dem Ende meiner Karriere eine ein- bis zweijährige Auszeit zu nehmen, um mich zu erholen. Um die Entbehrungen, die ich als Sportler in Kauf nehmen musste, auszugleichen. Doch diesen Plan musste ich aufgrund meiner langfristigen Ziele verwerfen. Ich habe begonnen, ein zweites Standbein, das sich mittlerweile zu meiner hauptsächlichen Beschäftigung entwickelt hat, zu schaffen: das, was ich im Sport und bei meinen Abenteuern erfahren und gelernt habe, anderen Menschen weiterzugeben.

Ändern Sie sich, dann ändert sich die Welt um Sie herum!

Veränderungen prägen unser ganzes Leben und sind von elementarer Bedeutung. Vor allem dann, wenn Sie unzufrieden mit sich und Ihrer Situation im Berufs- oder Privatleben sind. Sie ermöglichen die Entwicklung jedes Einzelnen von uns. Veränderungen bedeuten eine Neuerung, die Sie vorbehaltlos werten sollten. Eingefahrene Pfade zu verlassen bedeutet andere, bessere Möglichkeiten im Tun herauszufinden. Neuerungen bedeuten aber vor allem, Gewohnheiten abzulegen, zu ändern! Wie schwer fällt es etwa notorischen „Glücksspielern", ihr Laster abzulegen?

Der Volksmund sagt: „Es kommt nichts Besseres nach!" Aber ich behaupte: „Es kommt immer etwas Besseres nach!" Wenn Sie unzufrieden sind, ständig jammern, haben Sie den Mut zu Modifikationen in Ihrem Leben. Aber bitte: Nur, wenn Sie dauerhaft unglücklich und unzufrieden sind! Fühlen Sie sich wohl, sind Sie zufrieden mit Ihrem Job und Ihrem Familienleben, belassen Sie es dabei!

Sie sind, was Sie denken!

Lehnen Sie sich zurück und denken Sie an Ihr Leben. An den Alltag, an die Beziehung, an berufliche Anforderungen. Vielleicht macht Ihnen die Arbeit keine Freude mehr, weil Sie Kollegen haben, die Sie mobben, weil Sie einen Chef haben, der Ihre Leistungen nicht würdigt, oder einfach, weil Sie zu wenig verdienen. Und wie läuft Ihre Beziehung? Bis auf kleine Streitereien, die überall vorkommen, gut? Und treffen Sie sich regelmäßig mit Ihren

Freunden? Wenn alles in Ihrem Leben perfekt läuft, könnten Sie jetzt eigentlich das Buch zuschlagen und aufhören weiterzulesen. Falls dem nicht so ist, gehen Sie doch den Ursachen auf den Grund. Führen Sie mit Ihrem Partner ein offenes Gespräch über die Dinge, die falsch laufen! Verlangen Sie einen Termin mit Ihrem Vorgesetzten und sprechen Sie dabei die Dinge, die Sie verändern wollen, beim Namen an. Wenn Sie heute nicht um einen Termin bitten, werden Sie es morgen auch nicht tun, und übermorgen genauso wenig. Sie werden sich mit Ihrer Situation abfinden und denken, „eigentlich" läuft es nicht so schlecht. Viele geben sich mit ihrer Situation dann doch wieder zufrieden. Vielleicht besteht auch die Angst, dass Sie entlassen werden oder alleine dastehen. Aber über eines sollten Sie sich im Klaren sein: Wenn Sie Ihre Anliegen nicht kommunizieren, bleiben Sie weiterhin frustriert und damit auch eine Belastung für Ihre Mitmenschen! Und was Sie auch nicht vergessen dürfen: Durch jede positive Veränderung werden Sie reicher an Erfahrungen und bekommen dadurch viel weniger Angst vor neuen Veränderungen. Eine Art positiver Teufelskreis!

Spitzensportler und Meinungsbildner im Wirtschaftsleben haben für mich eine große Gemeinsamkeit: Beide Gruppen unterliegen ständigen Veränderungen und akzeptieren diese leichter. Erfolgreiche Sportler und Manager können auf ein großes Potential an Erfahrungen zurückgreifen. Ohne Konsequenz und Kontinuität auf der einen und dem Willen zur Veränderung auf der anderen Seite hätten sie ihr anvisiertes Ziel nie erreicht. Ob ein

Athlet, der einen neuen Schwimmrekord aufstellt, oder ein Firmenchef, der ein erfolgreiches Unternehmen führt, sie alle haben Dinge geschafft, die für die meisten Menschen sehr weit weg sind. Ich behaupte bewusst nicht „unerreichbar", sonst könnte keiner von uns diese Ziele erreichen. Wir sollten Veränderungen positiv sehen und als neue Chance nutzen.

Veränderungen müssen nicht immer in großem Stil ablaufen. Wenn Sie sich scheiden lassen wollen oder den Job kündigen, nehmen Sie bitte nicht dieses Buch als Vorwand! Nicht immer muss man sich gleich scheiden lassen, den Beruf wechseln oder auswandern. Manchmal genügt auch schon ein klärendes Gespräch mit dem Partner oder dem Abteilungsleiter. Zuweilen reicht es, wenn ein Fußballer um die Chance bittet, im Mittelfeld statt in der Abwehr zu spielen. Sollten Sie tatsächlich den Arbeitsplatz verlieren, ist es eine Veränderung und gleichzeitig eine große Chance. Es liegt jetzt an Ihnen, ob Sie die neue Situation als bedrohlich oder freundlich werten.

Sie müssen wissen,
wohin Sie wollen,
sonst landen Sie woanders.

Im Kapitel „Visionen und Ziele" habe ich bereits über Komfortzonen geschrieben. Es handelt sich dabei um jenen Bereich, in dem Sie sich wohl fühlen, in dem keine unerwarteten Probleme auf Sie hereinbrechen. Es ist Ihre ganz persönliche Festung, in der es kaum Veränderungen

146

gibt. In der **Komfortzone,** wenn Sie zum Beispiel tagein, tagaus immer die gleichen Abläufe mit Frühstück, Arbeit, Heimkommen, Abendessen, Fernsehen, Schlafengehen erleben, können Sie sich nicht weiterentwickeln. Stellen Sie sich vor, die ganze Welt wäre eine Komfortzone: Es gäbe keinen Fortschritt, keine Erfindungen, keine Visionen und Ziele. Alles würde still stehen, die Wirtschaft stagnieren – und Stillstand bedeutet Rückschritt. Viel zu viele Menschen leben in ihrer ganz persönlichen Komfortzone und schwimmen mit der Masse. Sie haben sich selbst zum Ziel gesetzt, nicht aufzufallen. Wäre der Mensch ein Rudeltier, würde das stimmen! Hier gilt wieder mein Leitspruch: Die meisten wollen nur das, was sie können. Sie sollen aber das können, was sie wollen.

Wer sich weiterentwickeln oder alteingesessene Gewohnheiten verändern will, **muss raus aus dieser Festung der Komfortzone.** Hierbei handelt es sich um einen Bereich, in dem man sich mitunter nicht mehr so wohl und behaglich fühlt, doch gerade hier passieren Entwicklungen und Veränderungen. Wie schwierig Umstellungen sein können, erleben wir täglich in unserem Leben. Wenn ich eine Sache zig Male so gemacht habe, ist es sehr schwierig, dieses Verhalten zu ändern. Ich erinnere mich noch gut an ein Beispiel aus meiner Jugend. Es war nicht so, dass wir zu Hause nur Milchreis bekamen, aber er stand regelmäßig auf unserer Speisekarte. Meine Mutter war Spezialistin, wenn es um Milchreis ging. Sie kochte hervorragenden Milchreis und krönte ihre Arbeit immer mit reichlich Zucker.

Als ich einige Jahre später meine ersten Radrennen bestritt, änderte ich natürlich auch meine Ernährung. Spaghetti und Nudelgerichte verdrängten zuckerhältige Speisen. Aber nach wie vor besuchte ich regelmäßig meine Mutter. Und was servierte sie mir? Sie dürfen raten! Natürlich ihren köstlichen Milchreis. Ich bat sie darum, dass sie auf den Zucker verzichtete. Sie meinte aber nur: „Das schmeckt doch nicht, das kann doch nichts." Wir lieferten uns öfters Wortgefechte und die Sache ging meist so aus, dass sie mir ihren Rücken zuwandte, schnell so ein Löffelchen Zucker in den Milchreis streute, dass ich es nicht sehen konnte; dachte sie zumindest. Sie konnte ihre Gewohnheit einfach nicht abstellen, Milchreis ohne Zucker zu servieren. Ihr Kommentar: „Milchreis ohne Zucker kann doch nicht schmecken. Ich hab das immer so gemacht und du hast es doch immer so gegessen!"

Wagen Sie das Risiko

Nach meinen Vorträgen bei Unternehmen, Sportvereinen oder Institutionen höre ich oft: „Wolfgang, du musst verrückt sein. Was du alles gemacht hast!" Doch wo liegt die Grenze zwischen dem, was umgangssprachlich für verrückt erklärt wird, und dem, was von Menschenhand gezeichnet wird? Würde ich eine Grenze ziehen, sie verliefe sicher anders als die der Volksmeinung. Meine Projekte waren und sind gut durchdacht und kalkuliert; von Verrücktheit keine Spur. Ich weiß, dass ich mich ständig in Grenzbereichen meiner geistigen und körperlichen

Leistungsfähigkeit aufgehalten habe, aber ich kenne meinen Geist und meinen Körper sehr gut und weiß, wo meine Grenzen liegen. Ich gehe noch weiter und behaupte, dass ich mich an meiner Leistungsgrenze wohl fühle, da ich den entscheidenden Schritt über dieses Limit erkennen und vermeiden kann. Nur wer sich immer wieder an seine eigenen Grenzen herantastet, lernt diesen Bereich auch kennen und kann diesen schrittweise auch erweitern.

Mein Risikobewusstsein wurde vor allem durch das Projekt Mount Everest und die damit verbundenen Vorbereitungen in Südamerika geschärft. Gerade beim Klettern bekommt man eindrucksvoll vor Augen geführt, wie viele Chancen auch kleine Veränderungen auslösen können. Sowohl durch minimale Risikoerhöhung als auch durch kleine Positionsveränderungen tun sich scheinbar mühelos weitere Schritte und Griffe auf. Was noch vor wenigen Augenblicken als unmöglich erschien, ist mit einem Male bewältigt. Auch im alltäglichen Leben begegnen uns immer wieder solche Situationen. Sie müssen diesen Stillstand nur erkennen und ihm mit entsprechenden Änderungsstrategien begegnen. Im Sport lautet die Devise: Angriff oder Verteidigung? Wenn ein 10.000-Meter-Läufer, der im Sprint nicht die besten Chancen hat, drei Kilometer vor dem Ziel eine Attacke lanciert, besteht natürlich die Gefahr, dass er sein hohes Tempo nicht halten kann und kurz vor der Zielflagge von den Verfolgern gestellt wird. Er wollte gewinnen und hat alles dafür getan. Beim nächsten Mal ist sein Versuch vielleicht erfolgreich. Wer nicht wagt, der nicht gewinnt. Dieser Leitspruch bewahrheitet sich auch im Wirtschaftsleben. Haben Sie eine Geschäftsidee, durch die sich Geld verdienen lässt, ist diese oft mit Risiken verbunden. Das beginnt bei der Finanzierung, meist durch Kreditinstitute, oder später, wenn das Geschäft einmal läuft, beim Einstellen von Mitarbeitern. Dazwischen werden Ihnen unzählige Hindernisse und daraus resultierende risikoreiche Entscheidungen begegnen, die Sie ebenso meistern müssen! Natürlich sollte gerade bei der Risikoänderung eine entsprechende Verbesserung klar erkennbar sein, aber wie oft versuchen Sie diese herbeizuführen? Geben Sie nicht allzu oft dem Stillstand im Vorhinein nach, Sie sträuben sich so gegen Veränderungen!

Veränderungen sind Ihre Chance,
Ihre neuen Möglichkeiten.
Sie müssen sie nur so sehen!

DIE HÜRDEN ZUM ERFOLG

Im Laufe meiner Karriere feierte ich viele schöne Siege und Erfolge. Ich gewann drei Mal das Race Across America, stellte einen Weltrekord bei Quer durch Australien auf, gewann das XXAlps, einige 24-Stunden-Rennen und bestieg den Mt. Everest. Ich bekam dafür viele Pokale und Medaillen. Doch für meine ganz persönliche Liste müsste ich mein Haus in Oberösterreich aufstocken, um all die Pokale unterzubekommen. Denn zu meinen eigenen Triumphen und Erfolgen zähle ich nicht nur jene glitzernden Kelche, die ich bei Wettkämpfen errungen habe, sondern auch die unsichtbaren Pokale, die ich für meine Erfolge als Familienvater oder Wirtschaftsmensch hätte bekommen müssen. Erfolg inklusive Glücksgefühl können Sie nur genießen, wenn Sie Ihre Träume, Visionen und Ziele konsequent verfolgt und in die Tat umgesetzt haben. Ich bin stolz auf meine Tochter, die mittlerweile zu einer selbstständigen jungen Dame herangewachsen ist. Mit meiner Frau habe ich in einer wunderbaren Umgebung ein Haus gebaut und meine Geschäfte, die mich künftig noch mehr fordern werden, laufen gut. Mein Leben ist ausgefüllt und ich konzentriere mich auf die Dinge, die ich kann und die mir Spaß machen. Konsequent an seinen Zielen festhalten ist das „Um und Auf", um erfolgreich zu sein.

Auch aus Steinen,
die Ihnen in den Weg gelegt werden,
können Sie etwas Schönes bauen!

Viele Menschen sind mit ihrer Situation unzufrieden, laufen ständig Visionen hinterher, die sie oft nicht erreichen, weil sie unklar definiert, nicht konsequent genug verfolgt werden und oft unrealistisch sind. Wie leicht ist es, sich in Ausreden zu flüchten! Hätte ich bei jedem Regentag gesagt: „Heut trainiere ich nicht, ist mir zu nass" – dann wäre mir die Bequemlichkeit beim nächsten Rennen auf den Kopf gefallen. Und wer sich einmal in Ausreden flüchtet, wird beim nächsten Mal noch weniger Hemmungen haben aufzugeben! Ausreden werden auch gerne verwendet, um in den Schutz anderer zu fliehen, um die Verantwortung von sich wegzuschieben. Ich erinnere mich nur an das Race Across America im Jahr 1999 zurück. Als großer Favorit startete ich ins Rennen und nach knapp 5.000 Kilometern und fast neun Tagen Fahrzeit stand ich mit einem Rückstand von weniger als einer Stunde als

Zweiter im Ziel. Nur eine Stunde? Das ist ungefähr so, als gewänne ein Radprofi die Gesamtwertung der Tour de France im Schlusssprint! Meine Enttäuschung war dementsprechend groß. Im Ziel war ich nur damit beschäftigt, nach Ausreden und Schuldigen zu suchen: Die Mannschaft war schuld, weil sie mich einmal in die falsche Richtung geleitet hat, weil ein Defekt am Rad zu langsam behoben wurde, weil mir in der texanischen Wüste nicht genug Wasser gereicht wurde, weil sie mich über eine rote Ampel geschickt hatte und ich dadurch eine Zeitstrafe bekam. Die Liste der Ausreden wurde länger und länger. Erst Monate später beschäftigte ich mich mit den tatsächlichen Gründen der Niederlage und kam zu dem Schluss, dass nur ich alleine dafür verantwortlich war! Es tat mir sehr leid, dass ich meine Teammitglieder, die mich quer durch Amerika vorbildlich unterstützt hatten, kritisiert hatte. Auf der anderen Seite bin ich Spitzensportler, muss als solcher auch egoistisch veranlagt sein. Aber der Sieg bei diesem RAAM war Pflicht, denn Vertragsverlängerungen standen ins Haus. Deshalb fühlte ich mich unter Druck gesetzt und wollte nicht siegen, ich musste! Heute weiß ich, dass ich keinen Sündenbock suchen darf, ich muss die Probleme selbst lösen. Auf 1999 umgelegt: Ich war selbst für die Niederlage verantwortlich. Denn ich stellte meine eigenen taktischen Überlegungen an, bestimmte meine Schlafpausen und stellte auch die Crew selbst zusammen!

Die Ausrede ist eine klassische Methode, um eigene Fehler anderen zuzuschieben. Um sich selbst nicht kritisieren zu müssen. Oder wenn ich Dinge, die ich ungern erledige, von mir fernhalte. Hürden, die sich Ihnen in den Weg legen, sind immer hinderlich, aber manchmal können Sie daraus auch Lehren ziehen. Eine dieser lehrreichen Hürden erlebte ich im Jahr 2000. Damals hatte ich bereits den Entschluss gefasst, ein Jahr später den Mt. Everest zu bezwingen, und befand mich bereits in den Vorbereitungen. Wenn ich auf den höchsten Berg der Welt will, muss ich zuvor noch eine große Test-Expedition starten. Aber wohin, und vor allem wann? Denn 2000 wollte ich bei meiner fünften Race-Across-America-Teilnahme nach zwei zweiten und einem dritten Platz in den Jahren zuvor meinen nächsten Triumph landen. Ich beschloss, beide Unternehmungen unter einen Hut zu bringen: Plante für Jänner 2000 eine Bergtour auf den Aconcagua in Südamerika, den mit knapp 7.000 Metern höchsten Berg außerhalb Asiens, und Mitte des Jahres meinen fünften Start beim RAAM. Doch die Voraussetzungen für die Besteigung des Aconcaguas waren alles andere als optimal. Schon vor dem Abflug nach Südamerika schlug ich mich mit leichtem Fieber und Schnupfen herum. Mein Arzt war besorgt und teilte mir mit, dass ich in der Höhe noch größere Probleme bekommen werde. Ich ließ mich dadurch aber nicht beeinflussen, nahm die Warnung wohlwollend entgegen und trotzdem trat ich meine Reise an. Nachdem ich in Santiago de Chile gelandet war, verschnaufte ich ein paar Tage, um mich richtig auszukurieren. Ich hatte genügend Zeit, vor Ort die letzten Vorbereitungen zu treffen. Leicht verkühlt startete ich mit meinen vier Bergkameraden den Aufstieg zum 4.300 Meter hoch gelegenen Basislager in Playa del Mula. Für einen routinierten Bergsteiger eigentlich ein nicht erwähnenswertes Vorgeplänkel. Doch für mich gestaltete sich schon dieser Weg zum schier unüberwindbaren Hindernis. Mit großer Mühe kämpfte ich mich bis zum Basislager vor, bei jedem Schritt dorthin schwand der Traum von der Besteigung des Gipfels. Ich litt unter Kraftlosigkeit, Kurzatmigkeit, bekam Fieber und unregelmäßiger Herzrhythmus stellte sich ein – in meinem Falle hatte ich statt den üblichen 35 Pulsschlägen pro Minute im Ruhezustand unglaubliche 120!

Nach einer schlaflosen Nacht war mir angst und bange um mein Leben, ich zitterte am ganzen Leib. Am Morgen brachten mich meine Kollegen zum stationären Arzt im Basis-Camp und er diagnostizierte ein Höhenlungenödem! Diese Krankheit ist gerade unter Höhenbergsteigern weit verbreitet und wird ausgelöst, wenn jemand zu schnell in die Höhe steigt. In einer solchen Höhenlage kann sich das Lungenödem sogar lebensbedrohlich auswirken! Mein Abenteuer Aconcagua dauerte lediglich zehn Tage, die ich zum Großteil im Basislager verbrachte. Ich musste die Expedition abbrechen und wurde mit einem Maulesel sechs Stunden ins Tal gebracht; das war eine richtige Tortur. Ich bin zwar gewohnt, lange in einem Fahrradsattel zu sitzen, aber der Sattel des Maulesels war für meinen Hintern unerträglich. Daraus habe ich sehr viele Lehren gezogen: Höre auf die Signale deines Körpers! Jeder von uns muss sich an die Gesetze der Natur halten, wenn es ums nackte Überleben geht. Wenn ich mir heute eine sechsstündige Trainingseinheit vorgenommen habe und aus triftigen Gründen kann ich diese nicht durchziehen, kehre ich um. Übertreiben Sie nicht auf Kosten Ihrer Gesundheit. Gerade ein Schlagwort dominiert mehr und mehr das Berufsleben: das „Burn-Out"-Syndrom. Menschen, die nur noch für ihre Arbeit leben, deren Gedankenwelt nur noch von beruflichen Herausforderungen dominiert ist. Die auch beim Einschlafen und Aufwachen nur daran denken, was am nächsten Tag erledigt werden muss, was heute nicht mehr abgearbeitet werden konnte. Ein „Burn-Out" wird oft unterschätzt, viele meinen: „Mich wird's schon nicht erwischen!" Betroffene erkennen den Ernst der Lage meist nicht und können sich alleine nicht mehr aus der Falle der Hilflosigkeit befreien. Also, achten Sie auf sich, Ihre Seele und Ihren Körper und bewegen Sie sich nicht ständig im Grenzbereich Ihrer Leistungsfähigkeit! Planen Sie genügend Freiräume für sich selbst ein, gönnen Sie sich Erholung!

Sie sind geboren, um Erfolg zu haben.
Niemand kann Sie davon abhalten, außer Sie sich selbst.

Zurück ins Jahr 2000, zurück in meine Heimat, wo ich nach meiner Ankunft aus Südamerika sofort meinen Arzt konsultierte. Zu seiner völligen Verblüffung richtete sich meine erste Frage nicht nach meiner Rehabilitation, sondern darauf, ob ich das Race Across America wenige Monate später im Juni bestreiten könne. Er holte mich auf den Boden der Realität zurück und meinte: „Erst wenn du völlig auskuriert bist, kannst du alles wieder normal bestreiten. Es muss dir aber klar sein, dass du von null an beginnen wirst!" Die Erleichterung war groß und das

156

Projekt Mount Everest konnte ich weiterhin anvisieren. Nach vierzehn Tagen Pause schwang ich mich auf den Heimtrainer und begann mein Training mit einer Maximalbelastung von 80 Watt und 100 Pulsschlägen pro Minute. Das ist für einen Profisportler sehr deprimierend. In den Jahren zuvor stieg ich mit rund 20.000 Trainingskilometern in den Beinen in den Flieger Richtung Amerika. 2000 war es knapp die Hälfte. Wie das Rennen ausging? Auf alle Fälle verblüffend, für mich genauso wie für meinen Arzt: Ich gewann dieses RAAM nicht nur, ich siegte mit dem Rekordvorsprung von über 23 Stunden – fast einem ganzen Tag vor dem amerikanischen Vorjahressieger Danny Chew! Die 5.000 Kilometer lange Route von der West- zur Ostküste bewältigte ich in acht Tagen, zehn Stunden und 19 Minuten! Ich grübelte lange über diese Leistungsexplosion und wurde von Experten darin bestätigt: In der Vorbereitungsphase hatte ich meinem Körper das zurückgegeben, was ich ihm in den Jahren zuvor nie gegönnt hatte – Ruhe, Regeneration, Pause. Die Ruhe hatte meinem Körper nicht geschadet, ganz im Gegenteil: Weniger ist oft mehr, so fuhr ich rückblickend gesehen das Race Across America meines Lebens.

Denken Sie positiv!

Wie viele Probleme begleiten uns Tag für Tag, Woche für Woche, Monat für Monat? Und wie viele davon lösen wir tatsächlich? Seien Sie ehrlich, es ist doch leichter, die Schwierigkeiten vor sich hinzuschieben, anstatt anzupakken und der Sache auf den Grund zu gehen! Es gibt eine Vielzahl von Ausreden und Ausflüchten, um ein Problem wegzureden und zumindest nicht mehr als „Schuldiger" oder „Versager" dazustehen. Viele Menschen machen Zeit ihres Lebens eine Reihe von Dingen für ihre Probleme verantwortlich: die schlimme Kindheit, die schlechten Ausbildungsverhältnisse, die augenblickliche Situation in der Familie, in der Verwandtschaft, die unsicheren Zeiten mit Terror allerorts, die finanziellen Schwierigkeiten, den schlechten Arbeitsplatz oder einfach nur das schlechte Wetter! Werden Sie nicht zum Meister der Nörgler. Prägen Sie sich ein: Alles realistisch Vorstellbare ist in Ihrem Leben umsetzbar. Gehen sie euphorisch und optimistisch an die neue Geschäftsidee heran: „Ich werde das so und so machen, ich stelle mir das so und so vor!" Wenn Sie zögerlich und skeptisch davon reden, wie Sie möglicherweise in einem Jahr, nachdem Sie vielleicht ein paar Kilos abgenommen haben und sich eventuell zu den Nichtrauchern zählen können, einen Marathon bestreiten wollen, wird Ihnen Ihr Gegenüber davon abraten: „Diesen Marathon, diese Strapazen? Du bist ja verrückt!"

Der Optimist denkt oft ebenso einseitig wie der Pessimist.
Nur er lebt froher.

Charlie Rivel

Der Klassiker unter den Beispielen zum Thema „Positiv denken" ist jenes mit dem halb vollen Wasserglas: Nehmen Sie ein Glas zur Hand und befüllen Sie es zur Hälfte mit Wasser. Es gibt zwei Möglichkeiten, die Wassermenge darin zu beurteilen: Es ist halb voll oder halb leer. Der Pessimist unter uns wird die zweite Variante wählen – „den Job werde ich sicher nicht bekommen" – und er verzichtet auf die Bewerbung. Der Optimist unter uns wählt das halb volle Glas: „Es ist noch nichts verloren. Ich versuch's!" Im Wortschatz des positiv denkenden Menschen fehlen Wörter wie „unmöglich" oder „unlösbar". Stellen Sie sich auf die Seite des Optimisten und sehen Sie das Positive. Versuchen Sie aus jeder Situation das Hoffnungsvolle, Lebensfrohe herauszufiltern!

Achten Sie auf Ihre Umgebung

Wie schaffe ich den Sprung vom Pessimisten zum Optimisten? Arbeiten Sie an sich und machen Sie sich bewusst, dass eine positive Lebenseinstellung alleine nicht die Grundlage für permanenten Erfolg ist. Aber sie bietet einen hervorragenden Nährboden dafür! Zudem kommen glückliche und zuversichtliche Menschen leichter durchs Leben und in der entscheidenden Situation haben Optimisten oft auch das Quäntchen Glück auf ihrer Seite. Nach dem Motto: Gehen Sie Ihrem Erfolg entgegen! Wenn Sie etwas schaffen wollen und sich intensiv mit diesen Gedanken beschäftigen, wird sich Ihr Spürsinn oder Wahrnehmungsgefühl verstärken. Eine Frau, zum Beispiel, die einen Kinderwunsch hegt, wird auf der Straße vermehrt Schwangere, Kinderwägen und kleine Babys sehen. Wenn Sie sich ein tolles Auto kaufen wollen, werden Sie fast nur noch diese Marke wahrnehmen! Werden Sie sich bewusst, dass all das passiert, woran Sie festhalten. Denken Sie, das schaffe ich nie, wird auch das eintreten. Sie werden nämlich Personen begegnen und Umstände schaffen, die Ihre Meinung bestätigen, dass Sie es nicht realisieren werden. Im Gegenzug tritt natürlich auch das ein, woran Sie glauben! Denn Sie werden Ihre Umstände und Ihre Personenkreise danach ausrichten, dass sie Ihnen bestätigen, dass Sie auf dem richtigen Weg sind! Also, schaffen Sie sich ein vertrauenerweckendes und optimistisches Umfeld!

Optimisten zeichnet eines klar aus: ihre Sprache. Im Gegensatz zu Menschen, die überall nur das Schlechte sehen, kommen negative Wörter nicht in ihrem Wortschatz vor. Wie zum Beispiel: „Wenn ich nur …", „Dann probier ich's eben …". Diese Phrasen und besonders Wörter wie „wenn, aber, versuchen, probieren, können, eigentlich", müssen aus der Sprache verbannt werden. Denn die Sprache ist Ausdruck unserer Gefühle, die wiederum unser Verhalten, unser Auftreten und unsere Gestik bestimmen. Nehmen Sie die verbale Ausdrucksweise auch in Ihre inneren Sprachmuster mit auf und streichen Sie negative Suggestionen, die sich im Unterbewusstsein einnisten. Dann wird es Ihnen viel leichter gelingen, Selbstvertrauen aufzubauen. Die positive Grundhaltung, den Glauben und die Überzeugung, dass Sie ein Ziel erreichen werden. Zweifel haben nichts verloren und sind Gift für den Glauben und ein Katalysator für den Misserfolg!

Und ich schaffe es doch

Wenn ich mich in einem Rennen befinde, weiß ich, dass ich erst dann nicht mehr gewinnen kann, wenn ein Konkurrent vor mir im Ziel ist. Bis zu diesem Zeitpunkt lebt meine Chance. Beim Race Across America 1999 gelang mir eine denkwürdige Aufholjagd. Das Rennen begann in diesem Jahr ohne mich. Schnell war ich weit abgeschlagen, fand mich mit einem Rückstand von 14 Stunden an der letzten Stelle wieder. Kämpfte gegen die Hitze, gegen den Ausschluss wegen Überschreitung der Karenzzeit und fühlte mich krank – ich war es auch. Es wäre leicht gewesen, in diesen schicksalhaften Stunden aufzugeben, das Rad im Betreuerwagen zu verstauen. Keiner hätte mir ins Gewissen geredet, jeder hätte mich verstanden. Wie ich mich fühlte, wie die Umstände waren, machte es wirklich keinen Sinn, auch nur einen Kilometer weiterzufahren.

Nichts da! Ich stellte mich der Situation und dachte positiv. Ich wusste, dass ich diese Schwächeperiode irgendwann überwinden würde und so war es letztlich auch. Ich startete eine fulminante Aufholjagd, die mich an die Spitze führte.

Positives Denken bedeutet für mich, jeder noch so ausweglosen Lebenslage etwas Gutes abzugewinnen. Auch wenn es schlecht läuft, „für irgendwas wird das schon gut sein!" Das positive Denken zieht sich durch jeden Tag meines Lebens. Es mag eigenartig, wahrscheinlich sogar arrogant und selbstsüchtig klingen, aber: „Liebe dich selbst wie keinen anderen!" Oft höre ich andere sagen: „Ich kann mich nicht leiden!" Wie soll man dann andere mögen, wenn man mit sich selbst im Unreinen ist, mit sich hadert? Ist es nicht am wichtigsten, zuerst mit sich selbst im Klaren zu sein? Deshalb vertrete ich die Überzeugung, dass ein guter oder weniger guter Umgang mit anderen Menschen seinen Ursprung beim eigenen Charakter hat. Eines der wichtigsten Wörter in unserem Wortschatz sollte unser eigener Name sein. Der eigene Name sollte eine ganz besondere Bedeutung in unserem Sprachgebrauch einnehmen. Ich bin es, der jeden Tag neue Aufgaben zu bewältigen hat, der ein bewusstes und optimistisches Leben führt. Und so liege ich jeden Morgen in meinem Bett, durchlaufe den anstehenden Tag im Kopf, sammle positive Energien und sage mir: „Wolfgang, aufstehen! Heute wird ein schöner Tag. Freue dich darauf!" Das muss nicht unbedingt der schönste Tag werden, aber die Chancen stehen gut, dass es ein guter Tag wird!

Alles, was ich mir wünsche, werde ich bekommen.
Alles, was ich befürchte, jedoch auch!

Der Unterschied zwischen Siegern und Verlierern!

Was unterscheidet Sieger von Verlierern, Erfolgreiche von Nicht-Erfolgreichen? Nur Pokale oder Einträge auf Siegerlisten? Das ist es doch nicht! Nicht immer sind die Sieger die Ersten auf den Ergebnislisten, ich bin davon überzeugt, dass der Unterschied tiefer liegt: Es sind nämlich die kritischen Situationen, die Sieger von Verlierern trennen. Denn die einen geben nicht so schnell auf wie die anderen, halten länger an ihren Zielen fest. Wir alle kennen die Erfahrungen aus dem Sport-, Berufs- oder Privatleben. Wenn es anfängt „weh zu tun", hat man die Wahl: das Hindernis zu überwinden oder davor einen Haken zu schlagen und aufzugeben – „Nein danke" oder „Bin ich blöd?" zu sagen. Wenn es einmal schlecht läuft, ist es immer einfach, auszusteigen. Der Sieger hingegen sagt: „Aufgabe? Nie im Leben. Ich schaffe das, danach weiß ich, ob es sich ausgezahlt hat oder nicht!" Viele Sportlerkarrieren bleiben in den Kinderschuhen stecken, weil der letzte Wille, für ein Ziel alles zu geben, fehlt. Oder viele Beziehungen gehen in die Brüche, weil bei den ersten Schwierigkeiten gleich die Reißleine gezogen wird. Wenn Sie sich in Ihrer Firma hocharbeiten wollen, bleibt Ihnen nichts anderes übrig, als sich den Herausforderungen im Unternehmen zu stellen!

Erfolgreiche Menschen denken erfolgreich

Im Sport ist Erfolg leicht messbar: Alles, was mit der Stoppuhr gemessen werden kann, ist leicht überprüfbar. Zudem gibt es Maßbänder, Schiedsrichter,… In der Wirtschaft ist die Erfolgsüberprüfung schon etwas schwieriger. Natürlich kennen wir alle die erfolgreichen Firmen, wie Microsoft oder Coca-Cola. Aber es gibt viel, viel mehr erfolgreiche Firmen, die nicht ständig in der Öffentlichkeit stehen. Bei Unternehmen kann der Erfolg anhand der Bilanzen abgelesen werden. Diese Zahlen sind aber sehr subjektiv: Für den einen fällt der Gewinn zufriedenstellend aus, der andere hätte sich mehr erwartet. Noch schwieriger ist der Erfolg im persönlichen Bereich zu erfassen: Hier definieren Sie, was Erfolg oder Nicht-Erfolg ist! Der Begriff des Erfolgs wird von jedem von uns individuell und oft zu kritisch beurteilt. Lassen Sie Ihren persönlichen Erfolg zu: „Das habe ich toll gemacht. Hier war ich erfolgreich." Legen Sie Ihre Erfolgslatte zu hoch, sind Sie überfordert, legen Sie sie zu tief, sind Sie unterfordert. Deshalb ist das richtige Mittelmaß entscheidend! Und vergessen Sie nicht: Erfolgreiche Menschen denken erfolgreich!

Sieger haben keine Angst vor Hürden und Fehlern!
Sie sind darauf vorbereitet!

Ein weiterer großer Unterschied zwischen Gewinnern und Verlierern ist auch jener, dass Sieger über Verluste schneller hinwegkommen. Er besteht darin, dass Erfolgreiche schneller und öfter wieder aufstehen als die minder Erfolgreichen. In seiner Denkweise agiert der Verlierer zu passiv, zu schicksalhaft. Nicht-Erfolgreiche kapitulieren aus den verschiedensten Gründen. Sie sagen:

Das geht nicht.

Das ist nicht zu schaffen.

Das ist alles umsonst.

Ich werde mich blamieren.

Ich habe mich geirrt.

Ich habe das immer so gemacht.

Was werden die Leute sagen?

Was aber sagen Sieger? Sie sind davon überzeugt, dass …

… die Öffentlichkeit begeistert sein wird.
… sie es so lange machen, bis es gelingt.
… nichts umsonst ist.
… es zu schaffen ist.
… sie neue Wege beschreiten sollen.
… ich selbstbewusst bin!

Eines ist klar, kein Meister ist je vom Himmel gefallen, Sieger werden nicht geboren. Sie schaffen sich den Erfolg selbst, erarbeiten ihn mit dem Erreichen der gesteckten Ziele.

Ich habe vorhin davon berichtet, dass Sieger schneller das Tal der Niederlagen durchschreiten. Gerade diese Tiefen sind im Leben eines Menschen wichtig, um daraus zu lernen, um gestärkt das nächste Wellental durchschreiten zu können. Während des XXAlps plagten mich schlimme Sitzprobleme. Bei meinen Projekten gehören Schwierigkeiten mit dem Allerwertesten zum Alltag, diese waren aber anders. Denn noch heute sind zwei Narben Zeugen der Schmerzen, die ich noch Wochen nach dem Rennen erleben musste. Die Schmerzen am Gesäß wurden unerträglich, ich beriet mich mit meinen Betreuern, wie ich aus diesem Tief herauskomme. Lösungsorientiertes Handeln war gefragt, denn Aufgeben war kein Thema für mich. Permanent wurde mein Hintern mit Salben behandelt, ich bekam homöopathische Schmerzmittel verabreicht. Wir folgten sogar dem Ratschlag eines alten Routiniers, der uns davon erzählte, dass die Radprofis bei der Tour de France früher rohes Fleisch auf das Sitzleder der Radlerhose legten! Mit der Zeit bekamen wir die Probleme besser in den Griff, es ging langsam wieder aufwärts. All die Schmerzen brachten mich nie aus meinem Konzept und schließlich bezwang ich neben den Leiden auch meine Gegner!

Siege sind prozentreicher – Niederlagen aber lehrreicher!

KONZENTRATION AUF DAS WESENTLICHE

Ich kann mich noch gut an mein erstes Race Across America im Jahr 1996 erinnern. Da stand in Irvine, einem Vorort von Los Angeles, inmitten der amerikanischen Ausdauerstars ein 28-jähriger Europäer, der beim längsten und härtesten Radrennen der Welt mitfahren wollte. Ich kam bei der Fahrerpräsentation aus dem Staunen nicht heraus: Da sah ich Räder, die viel leichter waren als meines und auch ein Vielfaches kosteten. Ich bestaunte die Betreuerfahrzeuge der Konkurrenten, riesige Vans, die Luxus pur beinhalteten, mit Duschen und Massageplätzen. Und dann die Fernsehstationen und Journalisten. Einer bekam ein Mikro unter die Nase gehalten und gab schlagfertige Sprüche von sich, mit der rechten Hand am Lenker abgestützt und den linken eingeölten Fuß lässig am Vorderrad posierend. Ich war völlig beeindruckt und mir war mulmig zugleich. Gegen diese Stars sollte ich – der das schlechtere Rad und die kleinere Betreuercrew samt Minivan hatte – in der nächsten Woche bestehen können? Noch vor dem Start zu meinem ersten RAAM machte ich einen der größten Fehler, den ein Sportler begehen kann: Ich konzentrierte mich nur auf die anderen und dadurch wurden mir meine Schwächen noch bewusster. Ich demontierte mich selbst und bestätigte eine Weisheit, die auch auf das normale Leben zutrifft: Wenn man selber schwächer wird, werden die anderen stärker! Im Falle meines ersten Race Across America konnte ich die erfundenen Defizite und erdachten Nachteile auf dem Rad schnell wieder ausbügeln. Ich erreichte bei meiner Premiere den dritten Platz und sorgte auch für einen neuen Rookie-Rekord. Noch nie zuvor war ein Neueinsteiger so schnell unterwegs!

Drei Jahre später unterlief mir beim Race Across America ein ähnlicher Fehler. Ich befand mich auf Siegeskurs, zumindest bis 250 Kilometer vor dem Ziel. In Führung liegend gab ich den sicher scheinenden Triumph noch aus der Hand, weil ich begann, mich mehr mit meinem Gegner als mit mir selbst zu beschäftigen. Ständig fragte ich im Betreuerauto nach: „Wie weit ist Danny noch hinter mir? Wann kommt er?" Ich hatte meine Konzentration verloren, die ich dringend benötigte. Durch diese ständige Fragerei, Erkundigung nach dem Kontrahenten, wünschte ich mir die Situation, dass er mich bald überholen wird, sprichwörtlich herbei. Der Amerikaner bemerkte, dass ich immer langsamer wurde, legte einen Zahn zu, und wurde schneller und schneller. Als er mich schließlich überholte, war ich von einer Last befreit. Es machte „Klick" in meinem Unterbewusstsein und ab diesem Zeitpunkt konnte ich mich wieder auf das Rennen konzentrieren. Für den ersten Platz reichte es nicht mehr, Chew war um knappe 60 Minuten schneller. Es wurde nichts mit dem Sieg, dafür wurde ich um eine weitere Erfahrung reicher: Wenn du Erfolg haben willst, blicke nach vor und nicht zurück! Konzentriere dich bis zum Schluss auf deine Stärken! Im Sport genauso wie in anderen Lebensbereichen. Wenn Sie etwas zu erledigen haben, seien Sie hundert prozentig bei einer Sache.

Konzentration ist trainierbar!

Ende 2005 machte ich meinen Hubschrauberschein und ich erfüllte mir damit einen lang gehegten Traum. Gerade beim Fliegen ist die Konzentration ungemein wichtig. Am Beginn meiner Flugstunden stand ich vor der großen Herausforderung, den Vogel ruhig in der Luft zu halten, aber er sackte immer wieder nach rechts oder links weg. Da erhielt ich von meinem Fluglehrer den wertvollen Tipp: Konzentriere dich auf das, wohin du fliegen willst, und fokussiere dein Ziel. Der Flug wurde ruhiger und angenehmer und ich gelangte an mein Ziel!

In unserem Berufs- und Freizeitleben spielen Stress und Hektik eine große Rolle. Jeder von uns ist durch Mobiltelefone und E-Mail immer und überall erreichbar, Probleme mit dem Zeitmanagement sind die unwillkürliche Folge. Was soll zuerst erledigt werden? Esse ich zuerst, telefoniere dann mit dem Partner, bügle anschließend und sehe, was danach im Fernsehen so läuft, oder mache ich alles gleichzeitig? Wer mehrere Dinge parallel erledigt, macht keine wirklich gut. Es unterlaufen Fehler. Sie können sich zu hundert Prozent nur auf eine Sache konzentrieren. Telefonieren Sie beim Autofahren, erhöht sich das Unfallrisiko, Sie verlieren leichter die Orientierung und dem Telefonpartner gegenüber ist es zudem unhöflich. Stress und Hektik sind Konzentrationskiller. Konzentration ist ein wichtiger Erfolgsfaktor, um Ziele zu fokussieren und schließlich umsetzen zu können. So einfach das auch klingen mag, nehmen Sie sich untertags nur wenige Minuten Zeit. Setzen Sie sich auf einen gemütlichen Stuhl oder auf eine Couch und suchen Sie sich einen Punkt in der Wohnung. Nehmen Sie diesen Gegenstand – ein Bild oder eine Vase – ins Visier und konzentrieren Sie sich ein paar Minuten darauf, bildlich und gedanklich. Sie werden sehen, wie schwer diese scheinbar einfache Aufgabe ist. Viele Menschen können nicht loslassen, stehen permanent unter Strom. Zu viele – wichtige und unwichtige – Gedanken schwirren durch den Kopf. Ich gratuliere, wenn Ihnen diese Konzentrationsübung auf Anhieb gelingt! Diese Konzentrationsübung kann nur im Hier und Jetzt geschehen. Denn häufig sind wir mit unseren Gedanken weit voraus oder weit zurück. Aber das Leben spielt sich in der Gegenwart ab.

Prägen Sie sich jetzt einen positiven Gedanken, ein Ziel, das Sie erreichen wollen, fest ein und denken Sie daran. Es muss kein großes Ziel sein, auch auf kleine Wünsche können Sie sich konzentrieren. Ich stellte mir zum Beispiel während des RAAM nie die Frage, wie weit es noch ist („Noch fünf Tage, oh Schreck!"), sondern ich konzentrierte mich aufs Radfahren. Auch wenn es schwer umsetzbar ist, ich versuche mich ständig auf die Gegenwart zu konzentrieren: Ich fahre einen runden Tritt! Die aerodynamische Haltung ist perfekt! Ich bekomme genug Druck aufs Pedal! Denn klein gesteckte Ziele, Zwischenziele sind enorm wichtig für die Erreichung der nächstgrößeren.

Das Ende naht ...

Jede Konzentration geht einmal zu Ende. Immer dann, wenn ein großes Projekt kurz vor dem Abschluss steht oder wenn der wohlverdiente Urlaub naht, ist ein automatischer Leistungsabfall ersichtlich. Auch bei meinen acht Starts beim Race Across America erlebte ich diesen Leistungsabfall. Normalerweise führt die Strecke über rund 5.000 Kilometer von der West- zur Ostküste der Vereinigten Staaten. Gekennzeichnet ist die Route durch einen Start- und einen Zielbogen, dazwischen befinden sich ca. 50 Zeitstationen, wo die Durchfahrtszeiten gemessen werden.

Was aber die wenigsten wissen, beim RAAM gibt es zehn Meilen vor dem Ziel den so genannten „Penalty Point", bei dem eventuelle Zeitstrafen abgesessen werden müssen. Dort wird auch das Endklassement geschrieben, das heißt, dort befindet sich das inoffizielle Ziel. Das offizielle folgt zehn Meilen später und wird in einer Art Parade absolviert. Bei jeder meiner Teilnahmen konzentrierte ich mich nur auf den Penalty Point und nicht aufs Ziel.

Immer dann, wenn ich meine Crew fragte, wie weit es noch ins Ziel geht, zog ich automatisch zehn Meilen ab. Mein Spannungsbogen ging bis zu diesem markanten Punkt. Und jedes Mal, als ich ihn passierte, spielte sich bis ins Ziel das gleiche Szenario ab: Es war die reinste Höllentour! Mit Ach und Krach konnte ich mich ins Ziel schleppen. Mein Kopf war leer und die Beine spielten nicht mehr mit. Weil ich meinem Unterbewusstsein suggeriert hatte, dass diese letzten Meilen sinnlos seien, die Gesamtwertung schon gemacht ist!

Ähnliches hat jeder schon beim Laufen erlebt. Solange ich motiviert und konzentriert bin, könnte ich Bäume ausreißen. Aber wer kennt das nicht: Wenn nach einer Weile die Füße schwer werden, wenn's vielleicht in den Knien zwickt, möchte man am liebsten gleich direkt nach Hause laufen. Das Hauptaugenmerk richtet sich nicht mehr aufs Laufen, sondern auf die kleinen Wehwehchen, die sich einstellen. Auch beim Fußball oder Basketball können Sie gut beobachten, wie wichtig der Spannungsbogen ist und was passiert, wenn Spieler ihre Konzentration verlieren: Ein Team liegt mit 3:0 zur Halbzeit in Führung. Der Sieg scheint sicher und die Konzentration lässt nach. Die bis dato unterlegene Mannschaft spürt die Schwäche des führenden Teams, das an Auflösungserscheinungen leidet, und holt Tor um Tor auf. Wenn die Konzentration nachlässt, ist sogar der sicher scheinende Sieg in Gefahr! Wer den Spannungsbogen nicht aufrechterhalten kann, wird unweigerlich verlieren. Einer, der trotz hoher Erwartungen dem Druck standgehalten hat, ist der österreichische Doppel-Olympiasieger im Skisprung Thomas Morgenstern. Während der Vier-Schanzen-Tournee lief es alles andere als gut für den Kärntner. Ein Trainer meinte: „Er muss nicht besser springen – muss nur das umsetzen, was er kann!" Bei den Olympischen Spielen in Turin 2006 war dem Sportler die Nervosität ins Gesicht geschrieben, doch trotz dieser medialen und öffentlichen Belastung hielt sein Spannungsbogen stand. Er setzte seine bis dato besten Sprünge in den Auslauf und wurde Doppel-Olympiasieger. Im Einzel und mit der Mannschaft!

Den Fokus auf sich selbst legen

Im Radsport ist ein Phänomen besonders ausgeprägt: Ein Einzelfahrer liegt wenige Kilometer vor dem Ziel mit wenigen Sekunden Vorsprung in Führung. Die Frage ist: Schafft er es oder wird er eingeholt? Spitzenfahrer, die sich immer wieder umdrehen, um sich zu vergewissern, ob sie durchkommen, werden meist wieder gestellt. Dieses Szenario können Sie laufend beobachten. Wenn sich hingegen ein Fahrer nur auf sich und das Ziel konzentriert, stehen die Chancen besser. Georg Totschnig konzentrierte sich bei seinem historischen Tour-de-France-Etappensieg in den französischen Pyrenäen 2005 nur auf sich selbst. Den Blick nach vor fokussiert, euphorisch und mit offenem Mund flog er an den Tausenden Zuschauern vorbei dem Ziel entgegen. Ihm war gleichgültig, was neben oder hinter ihm passierte. Der Glaube an seine eigene Stärke war entscheidend.

Klar ist, dass das Beobachten von Mitbewerbern wichtig ist. Noch wichtiger ist aber die Konzentration auf sich selbst. Wenn sich eine Firma nur mit den Konkurrenzunternehmen beschäftigt und ihre Hausaufgaben nicht erledigt, wird sie letztlich scheitern oder zumindest keine großartigen Wachstumsfortschritte machen. Ebenso wenn sich ein Sportler zum Zuschauer seines Gegners degradiert, wird er selbst seine Leistung nicht mehr bringen können.

Motivation ist der Motor auf dem Weg zum Ziel.
Konzentration ist der Turbo.

Denken Sie an die bekannten Shaolin-Mönche. Sie sind lebende Beweise dafür, was man mit Konzentration alles erreichen kann. Diese Meister der Konzentration können dank ihrer ausgezeichneten körperlichen und geistigen Konstitution Dinge anstellen, von denen Normalsterbliche nicht einmal träumen würden: Ihre Bauchdecke zeigt sich von spitzen Speeren unbeeindruckt und über ihren Schädeln werden sogar Eisenstangen verbogen. Der Shaolin-Mönch lässt zu diesem Zeitpunkt keine negativen Gedanken zu und bündelt seine ganze Energie auf einen Punkt. Er beschäftigt sich nicht damit, wo sich zum Beispiel das nächste Spital befindet oder wie er an diesem Abend ins Hotelzimmer kommt. Sein Fokus gilt dem Moment im

Hier und Jetzt, der anstehenden Aufgabe! Alles, was erledigt wird, muss konzentriert erledigt werden – Körper und Geist müssen eins sein. Und schalten Sie einen Gang herunter. Versuchen Sie weniger zu tun, steigen Sie zuweilen bewusst auf Ihre Bremse des Lebens – „entschleunigen" Sie! Denn Konzentration bringt Ihnen eine ganze Reihe von Vorteilen: Wer sich im Hier und Jetzt befindet, schaltet Angst, Unruhe und Nervosität aus. Sie gewinnen Gelassenheit, weil nichts Sie ablenken und aus der Ruhe bringen kann! Verlieren Sie wiederum an Konzentration, ändert sich die Sichtweise. Nicht mehr Sie selbst, sondern die Umgebung wird plötzlich wieder wichtig, zulasten Ihrer Kraft und Energie!

Wenn Sie Aktivitäten mit hoher Belastung und Intensität ausführen, werden Sie automatisch müde – körperlich wie geistig. Einer Belastung folgt eine Störung des biologischen Gleichgewichts. Danach kommt es zur Regeneration mit einer Anpassung an ein höheres Leistungsniveau. Das kennt man im Sport unter dem Ausdruck der Superkompensation. Es steht am Ende ein erhöhtes Leistungsniveau.

Wie fühlen Sie sich, wie geht es Ihrem Körper, wenn Sie aus dem Urlaub, aus der Erholung zurück ins normale Alltagsleben kehren? Sie sollten voller Kraft sein, Esprit spüren, mit Energie beladen sein, einfach komplett erholt. Wer nach dem Urlaub jammert, er bräuchte Urlaub vom Urlaub, der hat etwas falsch gemacht! Ebenso wie jemand, der seinen Arbeitsplatz einnimmt mit dem Gefühl, nie weg gewesen zu sein; der hat nicht richtig abgeschaltet.

Schalten Sie ab!

Abschalten und Erholung sind im täglichen Leben enorm wichtig. In der Schule werden die Jugendlichen maximal 45 bis 50 Minuten unterrichtet, danach folgt eine Pause, sonst würde die Aufmerksamkeit nachlassen. Wenn Sie ein Meeting nach dem anderen haben, ist es unbedingt notwendig, dass Sie dazwischen unbedingt loslassen können. Entweder Sie legen eine Kaffeepause ein oder gehen eine Runde spazieren. Wenn Sie sich räumlich nicht entfernen können, vermeiden Sie, auch während der Pausen über den Gesprächsstoff des Arbeitsgesprächs zu diskutieren. Lassen Sie lieber Ihre Gedanken schweifen, widmen Sie sich nicht belastenden Tätigkeiten, schmökern Sie die Tageszeitung durch, hören Sie Musik. Haben Sie die Gelegenheit, sich in Ihr Büro zurückzuziehen, dann tun Sie es. Setzen Sie sich einfach gemütlich hin, lassen Sie sich fallen, schließen Sie die Augen, treiben Sie sich in einen Ruhezustand, weg von Stress, Streitereien, den Diskussionen. Einfach abschalten! Achten Sie auf Ihre Atmung, holen Sie tief Luft und atmen Sie langsam etwas länger wieder aus. Danach sind Sie wieder frei für neue Aufgaben, Sie sind frisch für neue Arbeitsgespräche. Sie können hier auch ein Ritual anwenden, um von einer Aufgabe zur nächsten konzentriert zu bleiben.

Wenn die Zeit kommt, in der man könnte,
ist die vorbei, in der man kann!

Vorhin habe ich vom Spannungsbogen erzählt, der bei meinen Starts beim Race Across America immer zehn Meilen vor dem Zielstrich zu Ende war. Unterschätzen Sie nicht diesen Bogen, bleiben Sie bis zum Ende des Arbeitsgesprächs konzentriert. Wie beim Fußballspiel können sich auch bei Meetings interessante Wendungen in den Schlussminuten ergeben, die Ihre volle Konzentration benötigen. Sie können nicht hergehen und sagen: Das Wichtigste haben wir behandelt, jetzt wird nichts mehr passieren! Denken Sie an das Beispiel mit dem Fußballmatch, wo eine Mannschaft mit 3:0 in Führung lag. Dieses Spiel hat es tatsächlich gegeben. Und zwar schlug im Champions-League-Finale 2005 der FC Liverpool den AC Milan nach 0:3-Rückstand noch im Elfmeterschießen.

Bis zu meiner Pension wird es zwar noch ein paar Jährchen dauern, trotzdem mache ich mir Gedanken darüber. Immer wieder liest man in Zeitungen über den Pensionsschock. Menschen, die ihr ganzes Leben lang hart gearbeitet haben, deren Leben von früh bis spät über Jahre hinweg durchgeplant war und die plötzlich in die wohlverdiente Pension müssen, stehen oft vor einem Dilemma. Ihr Lebensrhythmus ist durcheinander gewirbelt, sie wissen nicht, was sie mit der neu gewonnenen Zeit anfangen sollen. Jeder von uns sollte mit dieser Situation umgehen können. Wie würden Sie reagieren, wenn sich plötzlich Ihr Gleichgewicht des Lebens verändert? Wenn das Belastungs- und Entlastungsgleichgewicht des Spannungsbogens ganz plötzlich aus den Fugen gerät? Finden Sie Ihren Mittelweg zwischen nicht zu viel und nicht zu wenig. Die

Pensionierung ist für viele gleichbedeutend mit einem neuen Lebensabschnitt. Nach der Schulzeit folgen eventuell Jahre als Student, spätestens dann steht der Schritt ins Berufsleben an. Schon während des Arbeitslebens ist es wichtig, für die Pension vorzubauen. Suchen Sie sich Hobbys, Interessen, für die Sie im Ruhestand genug Zeit haben!

Leben Sie im Hier und Jetzt!

Stellen Sie sich Formel-1-Weltmeister Fernando Alonso vor, wie er in seinem Boliden sitzt, seine Runden in Monte Carlo dreht und plötzlich neben der Piste steht. Was ist passiert? Es war kein Motorschaden, der Grund für den Ausfall war einfach ein Konzentrationsfehler! Konzentration ist im Sport und im Berufsleben das Um und Auf. Ein Formel-1-Champ muss sich fast jedes Wochenende bei den Testfahrten, Trainings, Qualifyings und WM-Läufen mehrere Stunden pro Tag hoch konzentrieren. Seine Phase der Fokussierung ist genau abgesteckt. Wenn ich ein Race Across America bestreite, ist meine Phase auch genau abgesteckt, die dauert aber um hunderte Prozent länger: acht Tage und mehr. In einer solchen Zeitspanne ist es extrem schwer, nahezu unmöglich, die ganze Zeit über konzentriert zu sein. Die Begriffsbezeichnung der Konzentration besagt, seine Gedanken über einen längeren Zeitraum auf eine bestimmte Aufgabe zu lenken, auf das Wesentliche, und dabei andere Einflüsse auszuschalten! Das heißt in weiterer Folge: Sie können sich nur im Hier und Jetzt, in der Gegenwart, mit der gerade verrichteten Tätigkeit auseinandersetzen. Konzentration kann nicht erzwungen werden und funktioniert nur, wenn Sie locker und entspannt sind! Ein Beispiel: Zünden Sie sich eine Kerze an und sehen Sie so lange in die Flamme, bis Sie davon ein Bild haben. Danach schließen Sie Ihre Augen und lassen Sie das Feuer, die Flamme vor Ihrem geistigen Auge weiterbrennen. Konzentrieren Sie sich darauf und visualisieren Sie das Licht. Machen Sie das einige Zeit lang und immer wieder.

Auf die Frage, woran ich während eines achttägigen Rennens immer so denke, antworte ich: meist ganz banale Dinge. In einer so extrem langen Konzentrationsphase gibt es viele Möglichkeiten der Beeinflussung und Ablenkung. Ich versuche mich zwar immer mit dem zu beschäftigen, was ich gerade mache, nämlich dem Radfahren, aber nicht immer funktioniert das. Da kommt es vor, dass ich mich über die viel befahrenen Straßen und dicht vorbeifahrenden Fahrzeuge ärgere, über die Rennsituation, über einen Fehler meiner Crewmitglieder. Diese äußeren Einflüsse kosten Zeit und Energie. Wenn ich mit gleicher Kraftanstrengung an mich denke, an meinen runden Tritt, an die nächste Zeitstation, an meine aerodynamische Haltung, ganz simpel daran, was ich gerade mache, so fahre ich mit Sicherheit um zwei bis drei Stundenkilometer schneller! Wenn ich dieses Mathematikbeispiel auf das Race Across America umlege: Bei einer Renndistanz von rund 4.800 Kilometern und einer Fahrzeit von knapp neun Tagen kann der Unterschied zwischen konzentrierter und unkonzentrierter Fahrweise viele Stunden betragen!

Konzentrieren Sie sich auf die Gegenwart. Sie können Ihre Arbeit nur dann optimal erledigen, wenn Sie in der Jetztzeit leben! Man sagt auch: Erfolgreiche Manager zeichnen sich dadurch aus, dass sie sich in einem bestimmten Zeitraum nur einer bestimmten Sache widmen und diese konzentriert ausführen. Fremdgedanken, zum Beispiel über das nächste Golf-Turnier oder die Freizeitgestaltung am nächsten Wochenende, werden dabei völlig ausgeklammert.

Sich zu konzentrieren heißt auch abschalten können. Ich vergleiche das mit einem Computer, der in den Standby-Modus (Ruhezustand) gebracht wird. Wenn Sie sich mitten in einer stressigen Situation befinden, ziehen Sie sich zurück und schalten Sie für einige Minuten ab. Denken Sie an nichts anderes, nur an sich selbst! Das bringt enorm viel Kraft, Sie werden sehen. Dass dies nicht leicht ist, wissen wir alle. Denn seit unserer Kindheit sind wir darauf ausgerichtet, immer etwas tun zu müssen. Deshalb sind viele von uns nicht imstande, sich in den Ruhezustand zu bringen. Einen Versuch ist es allemal wert: Wenn Sie sich in der Ruhephase so richtig entspannen können, geht auch Ihre Gehirnfrequenz (d.h. neben der körperlichen wird auch die geistige Aktivität auf ein Minimum reduziert) zurück. Vergleichbar ist der Zustand auch mit „Power-Napping", einem kurzen aber intensiven Mittagsschläfchen. Neue Aufgaben können Sie völlig ausgeruht und entspannt in Angriff nehmen. Ich wandte diese Ruhetechnik bei sämtlichen Projekten an.

Gibt es nicht unzählige Trainingsweltmeister, die bei Ski-Weltcup-Trainings permanent Bestzeiten erzielen, diese Leistungen aber bei Rennen nicht umsetzen können? Oder Tennisspieler, die bei Trainingsmatches ihre besser gesetzten Konkurrenten reihenweise vom Platz fegen, aber am Center Court durch den Druck der Besucher samt den Nebengeräuschen (Applaus, Buh-Rufe, Anfeuerungen) völlig aus dem Konzept gebracht werden und keine Filzkugel treffen? Viele Menschen können mit Druck schlecht umgehen. Sie beginnen – womit ich wieder am Beginn dieses Kapitels wäre – sich auf andere und nicht auf ihre Leistung zu konzentrieren. Die Folge wäre andernfalls eine altbekannte: Leistungsverlust! Glauben Sie an Ihre Stärke und lassen Sie nicht zu, dass andere durch Ihre Schwäche stärker werden!

Am Weg zum Gipfel des Aconcagua auf ca. 6.300 m.

Am Gipfel des Aconcagua, 6.962 m.

Aufstieg zum Hochlager am Mount McKinley.

Die Sonne genießen im Basislager III am Mount McKinley.

Schneesturm am Mount McKinley.

Beim Eisklettertraining.

Unterwegs mit schwerem Gepäck am Mount Vinson.

Einer der schönsten Berge der Antarktis: Mount Shinn, 4.661 m.

Mount Everest, 8.850 m.

Bei -40 °C in der Antarktis.

Im Basislager des Mount Vinson.

Werbespotaufnahmen in Arco.

NEHMEN SIE SICH ZEIT

Eine Statistik besagt, in Österreich endet beinahe jede zweite Ehe vor dem Scheidungsrichter. Gibt es
keine Liebe mehr auf dieser Welt? Oder sind wir alle nur
mehr ein Haufen Egoisten, die nur noch auf ihren persönlichen Vorteil bedacht sind? Leben wir in einer Wegwerfge-
sellschaft, wo wir uns alles leisten können, wo es zu
mühsam geworden ist, sich mit Problemen herumzuwäl-
zen? Diskussionen und Streitereien treten in jeder Form
der Beziehung auf. Am Arbeitsplatz gibt es oft scheinbar
unüberwindbare Hürden. Wenn Sie einen Chef haben, der
denkt, nur er könne das Problem lösen, werden Sie mit ihm
diskutieren, sofern Sie eine bessere Alternative anbieten
können. Sie werden sich der Diskussion nicht entziehen.
Probleme – egal ob in der Familie, im Job oder im Privatleben – hat es immer gegeben und wird es auch immer

geben. Die Frage ist nur, warum wir uns plötzlich mit vielen Dingen nicht mehr auseinandersetzen: Wir haben doch keine Zeit mehr! Unser Alltagsleben ist so von Stress und Hektik geprägt, dass wir keine Unterschiede mehr zwischen Hindernissen in der Arbeit oder in der Freizeit machen. Statt darüber zu reden, zu diskutieren, wird es einfach beiseite geschoben! Dabei gibt es drei klar zu trennende Bereiche, von denen jeder seine Existenzberechtigung hat:

- **der Beruf**
- **das Privatleben/die Freizeit**
- **der Ich-Bereich**

Alle diese drei Faktoren müssen harmonieren, müssen in Einklang gebracht werden. In der heutigen Zeit herrscht zwischen diesen Bereichen sehr häufig keine Balance, es dominiert leider oft der Beruf. Wenn Sie mit Ihren Kindern am Spielplatz waren oder mit einem Freund im Kaffeehaus plauderten, so gehört das eindeutig in den Freizeitbereich. Vergessen Sie nicht auf sich selbst, unternehmen Sie ab und an Aktivitäten, die Ihnen Spaß bereiten. Gehen Sie spazieren, bummeln Sie durch die Stadt, setzen Sie sich in ein Kaffeehaus und lesen Sie Zeitung – machen Sie, was Ihnen gut tut, und planen Sie diese Zeit für sich! Schaffen Sie sich Ihre ganz persönlichen Freiräume.

Kennen Sie das Gefühl, wenn Sie auf jemanden warten oder Sie werden versetzt? Das Zeitgefühl ist unterschiedlich und von der Situation abhängig. Wenn Sie auf jemanden warten, will die Zeit einfach nicht vergehen. Ihrem Kollegen hingegen, der sich verspätet, weil er vielleicht im Stau steckt, vergeht die Zeit wie im Flug. Wenn ich zwei Stunden in der freien Natur Rad fahre, vergeht die Zeit im Gegensatz zu einem halbstündigen Laufbandtraining rasend schnell. Seien Sie deshalb immer pünktlich und stehlen Sie niemandem die Zeit. Ich kann mich noch gut an meine Trainingsausfahrten mit Peter Luttenberger erinnern. Er war schon damals ein zielstrebiger junger Sportler, der genau wusste, was er will, der sein Training nie auf die leichte Schulter nahm. Wenn wir uns einen zeitlichen Treffpunkt ausmachten, durfte ich mich keine zwei Minuten verspäten. Er hätte nicht auf mich gewartet und wäre alleine losgefahren. Ich bin ein überaus pünktlicher Mensch und komme selten zu spät. Sollte es doch einmal vorkommen, ist es ein Akt der Höflichkeit, dass ich meinen Gesprächspartner rechtzeitig über meine Verspätung informiere. Habe ich ein Meeting und mein Gegenüber verspätet sich – abgesehen natürlich von wirklich triftigen Gründen, wie einer Autopanne – werte ich das als Geringschätzung meiner Person. Bei einem wichtigen Termin, zum Beispiel einem Vorstellungsgespräch, achten Sie auf Ihr zeitgerechtes Eintreffen. Besser, Sie sind 15 Minuten früher da und drehen noch eine Runde am Flur, als der erste Eindruck von Ihnen ist ein schlechter!

Die Technik der stillen Stunde

Dem so genannten Ich-Bereich, also der Zeit, die ich mit mir selbst verbringe, wird oft wenig Beachtung geschenkt. Anstatt den Donnerstagabend nach einem harten Arbeitstag gemütlich zu Hause zu verbringen, ein Buch zu lesen, muss man sich erneut gesellschaftlichen Zwängen unterwerfen; eine Geburtstagsfeier hier, eine Firmeneinladung da. Aber jeder von uns braucht Zeit für sich selbst: Um sich auszuruhen, um sich zu erholen. Lassen Sie die Highlights Revue passieren und genießen Sie die Zeit. Beschäftigen Sie sich einfach nur mit sich selbst. Schalten Sie Ihr Handy ab und tun Sie einfach mal nichts! Wenn Sie ständig auf Achse sind, werden Sie bemerken, dass Ihnen das Abschalten zu Beginn gar nicht so einfach fällt. Diese Technik der „stillen Stunde" können Sie auch auf Ihr Privatleben ummünzen. Sagen Sie, einen Abend in der Woche widme ich mich ab 17:00 Uhr ganz meiner Familie, meiner Frau, meinen Kindern. Das ist unsere Zeit, in der Berufsangelegenheiten keine Rolle spielen und keinen Platz haben dürfen!

Ist Stress gleich Stress?

Stress macht weder vor Berufsgruppe noch vor Alter Halt: Vom Bauarbeiter bis zur Friseurin, vom Volksschüler bis zum Wirtschaftsboss ist jeder „voll im Stress" oder „echt gestresst". Aber ist Stress gleich Stress? Unterschieden werden positive und negative Anspannungen. Wobei

194

die Mehrheit der Menschen umgangssprachlich mit dem Wort Stress nur Negatives assoziiert. Das bedeutet, der Schreibtisch quillt über, ständig läutet das Telefon und Sie sollten auch noch in zwei Meetings gleichzeitig anwesend sein. Oder Verwandte kommen zu Besuch, Sie müssen erst den Herd anwerfen und die Kleinen liegen mit Fieber im Bett. Tage wie diese kennen wir und sie stellen uns vor die Frage: Was soll zuerst angepackt werden? Meist versuchen wir, alles gleichzeitig irgendwie unter einen Hut zu brigen. Wir nehmen uns zu viele Dinge parallel vor, wodurch die Qualität der Arbeit leidet. Die Folge sind die mittlerweile als Zivilisationskrankheiten bekannten Magengeschwüre, Bluthochdruck, das immer häufiger auftretende „Burn-Out"-Syndrom und im schlimmsten Fall der Herzinfarkt. Auf der anderen Seite gibt es auch den positiven Stress, unsere innere Antriebsfeder. Die dafür sorgt, dass wir kreativ sind und besser arbeiten. Diese Form des Stresses ist lebensnotwendig, macht Sie aufnahmefähiger und hellwach! Wie im Sport: Der Athlet ist am Start aufgeregt und damit leistungsbereiter und konzentriert. Sportler beantworten oft die Frage, ob sie aufgeregt sind, mit: „Ja, aber das gehört dazu." Routine ist normal, aber eine gewisse Art der Aufregung, Spannung ist unerlässlich!

> *Es ist nicht wenig Zeit, die wir haben,*
> *sondern es ist viel Zeit, die wir nicht nützen.*
> *Seneca*

Die entscheidende Frage, wenn Sie sich in Stress-situationen befinden, lautet: Wie gehen Sie mit Herausforderungen um? Fühlen Sie sich in einer anstrengenden Situation unter Druck gesetzt oder betrachten Sie eine solche als Herausforderung und gehen gestärkt heraus? Je nachdem, wie Sie diese Frage beantworten, verfallen Sie in alte Verhaltensmuster oder Sie können neue Kräfte mobilisieren, entdecken neue Lösungen, um neue Wege zu gehen. Gerade in Situationen, die Ihre ganze Aufmerksamkeit benötigen, können Sie das Gelernte einsetzen und Flexibilität demonstrieren. Wenn Sie sich am Arbeitsplatz durch Aktenberge wälzen, gleichzeitig Kunden zurückrufen und von einem in das nächste Meeting hetzen, erledigen Sie zuerst das, was Ihnen am wichtigsten erscheint. Strukturieren Sie Ihre Aufgaben und arbeiten Sie jeweils ähnliche Tätigkeiten in einem Stück ab. Beachten Sie aber dabei die Prioritäten: Nicht immer sind die dringendsten Erledigungen die wichtigsten. Wer die Prioritäten geschickt verteilt, erspart sich Stress. Viel Zeit verbringen Menschen im Berufsleben in Arbeitssitzungen, so genannten Meetings, die für jeden auch noch so unwichtigen Anlass einberufen werden. Dabei wird häufig nur über Probleme diskutiert, aber selten über Lösungsvorschläge! Diese Meetings sind je nach Priorität zu werten: Wenn zum Beispiel Ihr Boss ein neues Projekt durchdiskutieren will, können Sie leider nicht fehlen und die Zeit für andere, Ihres Erachtens sinnvollere Arbeiten verwenden. Vieles ist immer eine Frage der Priorität, die vor allem im Leben eines Sportlers erfolgsentscheidend ist. Oberste Priorität haben Training und Regeneration.

Zeitmanagement ist für jeden von uns ein äußerst wichtiges Thema. Nicht erst, seitdem der führende Zeitmanagement-Experte Lothar Seiwert Millionen seiner Bücher verkauft hat. Ich habe das Thema aus meiner Sicht dargestellt und meine Kernaussage lautet: Setzen Sie Ihre Prioritäten, konzentrieren Sie sich auf eine Sache und Sie werden diese erfolgreich erledigen.

Wie gehen Sie mit Stress um?

Stressempfindung hängt von vielen Faktoren ab. Schon das täglich wechselnde Wohlbefinden spielt eine Rolle. Haben Sie schlecht geschlafen, sind Sie schneller reizbar. Kann sich eine Kleinigkeit, die Sie normalerweise leicht wegstecken, zum Super-GAU entwickeln. Ein bestimmtes Maß an Spannung – der positive Stress – ist manchmal sogar überlebensnotwendig. Vor allem bei Gefahrenmomenten, wenn Sie zum Beispiel in einen Unfall verwickelt sind, wird eine Menge Adrenalin ausgeschüttet. Das Hormon sorgt dafür, dass der Körper schnell und intuitiv reagiert. Denken Sie an gefährliche Begebenheiten im Straßenverkehr. Wenn Sie sich auf der Autobahn in einer Kolonne befinden und plötzlich leuchtet bei Ihrem Vordermann das Bremslicht auf. Mit einer instinktiven Selbstverständlichkeit erledigen Sie die notwendigen Schritte, treten ebenfalls sanft bis hart auf die Bremse, schalten die Warnblinkanlage ein. Es handelt sich dabei um Situationen, über die Sie nicht lange nachdenken müssen, ja gar nicht dürfen!

197

Neben dem negativen und positiven Stress existiert auch der Wohlfühlstress. Denken Sie zurück an schöne Zeiten und an schöne Erlebnisse. Als Sie das letzte Mal verliebt waren oder als Ihnen Ihr Chef Komplimente und eine Gehaltserhöhung anbot. In solchen Momenten sind Sie hellwach und vollkommen bei der Sache. Ihr Puls geht schneller, Sie bekommen feuchte Hände und zitternde Knie. Die gleichen Symptome wie bei „echtem" Stress stellen sich ein. Der Unterschied zu negativem Stress ist nun jener, dass eine Situation als anstrengend oder als angenehm empfunden wird. Wenn die negative Anspannung länger andauert, fühlen Sie sich ab einem gewissen Punkt überfordert und Sie geraten in Stress. In diesen Momenten wird es Ihnen kaum gelingen, abzuschalten. Ganz im Gegenteil: Sie investieren noch mehr Energie, um die fordernde Situation möglichst schnell hinter sich zu bringen und geraten so in einen Teufelskreis, wo im Kampf gegen Stress neuer Stress entsteht.

Sagen Sie Nein!

Nein zu sagen ist keine Schande. Es gibt ohnehin mehr Ja-Sager, die sich in einen stressdominierten Strudel ziehen lassen. Wie schnell man in die Negativspirale des Stresses kommt, zeigt folgende Geschichte: Ich kannte einen Pressebetreuer, der das Wörtchen „Nein" nur vom Hörensagen kannte. Er stand am Beginn seiner Karriere und musste, um weiterzukommen, alle ihm zugetragenen Aufträge annehmen. Bald reichten 24 Stunden pro Tag nicht mehr aus. Der Strudel begann sich zu drehen, viele Kunden machten ihm das Leben zur Hölle, jedes Wochenende war verplant. Meist beanspruchten ihn alle gleichzeitig, sodass er Opfer des Systems wurde. Dieses ständige „Nicht-Nein-sagen-Können" endete mit einem Burn-Out und setzte ihn für mehrere Monate außer Gefecht. Alan Lakein prägte den Satz: „Wer seine Zeit aus der Hand gleiten lässt, lässt sein Leben aus der Hand gleiten. Wer seine Zeit in der Hand hält, hält sein Leben in der Hand." Wie recht er damit hat! Einer meiner Vorträge in Deutschland führte mich zu einer Firma mit Weltruf – Daimler-Chrysler. Dort sprach ich vor einer hochkarätigen Zuhörerschaft, gespickt mit Spitzenmanagern des Unternehmens. Der Personalchef verblüffte mich nach meinem Vortrag mit einem Statement, das er an seine Mitarbeiter richtete: „Um Leistung zu bringen, müssen Sie auch Nein sagen können!" Er meinte damit, man solle auch einmal früher vom Büro nach Hause gehen und auch einmal anstehende Arbeit liegen lassen. Eine gewisse Auszeit nehmen, um den privaten und persönlichen Bereich nicht zu vernachlässigen. Und vor allem wird man dabei auch freier im Kopf für neue Aufgaben. „Es hat mir gut getan. Ich habe mich mit Freunden getroffen. Zeit mit Bekannten und sich selbst zu verbringen, bringt wiederum Energie für die Arbeit."

Nein sagen wird Sie nicht immer beliebt machen, aber es wird Ihrer Persönlichkeit und Ihrem Wohlbefinden gut tun. Wenn Sie eine Stunde laufen gehen wollen, gehen Sie. Und lassen Sie sich nicht durch Ablenkungen davon abbringen. Oder wenn Sie Ihr Chef darum bittet, noch ein Projekt aufzunehmen, obwohl Sie schon dreizehn Stunden im Büro sitzen. Haben Sie Mut, Nein zu sagen. M-U-T – es sind nur drei Buchstaben, die Ihr Leben verändern können. Und der positive Nebeneffekt ist jener: Irgendwann wird Ihr Chef Ihr Nein akzeptieren!

Finden Sie Ihr Gleichgewicht!

Für die geistige und körperliche Gesundheit ist es wichtig, dass Sie einerseits ein natürliches Gleichgewicht zwischen positivem und negativem Stress finden, andererseits eine Balance zwischen An- und Entspannung. Aus der Natur und aus unserem Leben kennen wir zahlreiche Beispiele, die einander voraussetzen, sonst könnten sie nicht existieren: Tag – Nacht, Sommer – Winter, Plus – Minus. Wenn Sie nur noch im Stress leben und nicht mehr abschalten können, wird Ihr Körper eines Tages nicht mehr Schritt halten können. Auf der anderen Seite ist ein Leben in vollkommener Entspanntheit auch nicht anzuraten. Ihr Körper würde jegliche Anspannung und Vitalität verlieren. Das gesunde Mittelmaß ist der entscheidende Faktor! Finden Sie die Balance zwischen Be- und Entlastung.

Um Ihre persönliche Stressbekämpfungsstrategie aufzustellen, müssen Sie sich zuerst ein paar Fragen selbst beantworten. Beziehungsweise kommen Ihnen die folgenden Sätze bekannt vor?

- **Sie arbeiten noch schneller, um Zeit zu gewinnen!**
- **Sie beklagen sich bei Ihrem Partner über die ständig wachsende Belastung!**
- **Sie zünden sich zuerst eine Zigarette an!**
- **Sie versuchen sich Ihre Nervosität nicht anmerken zu lassen!**
- **Sie nehmen Beruhigungsmittel ein!**

All das sind zwar natürliche, aber sehr kurzfristige Lösungen, die schon beim nächsten Stressanfall ihre Wirksamkeit verlieren. Wer unter viel Stress leidet, muss die natürlichen Auslöser ausfindig machen und gezielt abbauen. Äußere Einflüsse treten zum Beispiel im Straßenverkehr auf, ständiger Zeitdruck (Sie haben immer das Gefühl, etwas nachlaufen zu müssen), überhöhte Anforderungen in der Arbeit. Bei diesen äußeren Stress faktoren spielt meist die Zeit die entscheidende Rolle. Wenn Sie täglich im Stau stecken, warum steigen Sie nicht einmal auf die öffentlichen Verkehrsmittel um? Setzen Sie ein Zeitlimit bei Arbeitsmeetings fest: Wie lange sollen die Gespräche dauern? Warum nehmen Sie sich für das Mittagessen nicht Zeit, anstatt alles in Windeseile hinunterzuschlingen? Wenn Sie sich permanent verspäten, warum stehen Sie in der Früh nicht fünfzehn Minuten früher auf? Am besten wäre, Sie beobachten sich eine Zeitlang und schreiben jeden Abend auf, in welche Stresssituationen Sie heute geschlittert sind. So bekommen Sie relativ schnell eine Übersicht über die Auslöser und können sich weitere Schritte überlegen, Ihren Stress in den Griff zu bekommen.

Neben den äußeren Stressfaktoren existieren auch die inneren: Verlust- und Versagensängste, übertriebenes Verantwortungsgefühl, Konkurrenzdenken usw. Diese Faktoren lassen sich ungleich schwieriger behandeln als die externen. Ist es doch sehr einfach, die Schuld auf den Partner, die Arbeitskollegen, den Taxifahrer oder den Chef zu schieben!

Gestehen Sie sich ein, dass Sie aufgrund Ihres Perfektionismus unter Stress leiden. Das beste Rezept, um solchen durch die eigene Persönlichkeit ausgelösten Schwierigkeiten entgegenzutreten, ist, sich bewusst zu entspannen (nehmen Sie sich eine Auszeit für sich selbst, fünf Minuten genügen) und auf die inneren Werte zu besinnen. Sie werden bald einen Fortschritt bemerken und sich generell wohler und leistungsfähiger fühlen.

Apropos leistungsfähig – mein persönlicher Tipp, wie Sie Ihren Stress am besten abbauen, ist es, viel Bewegung in der frischen Luft, in der Natur zu unternehmen. Ich rede hier nicht von Leistungssport. Gemütliche Aktivität im Freien, eine ausgewogene Ernährung und ausreichend Schlaf wirken oft Wunder! Und am Wichtigsten: Lassen Sie beim Sport Ihr Handy zu Hause. Mobiltelefone sind ein Störfaktor und stehlen Ihnen die Zeit, die Sie für sich alleine brauchen!

FASCHING AUF DEN SEVEN SUMMITS

Es ist eine besondere Herausforderung, ein großes Abenteuer und eine einzigartige Erfahrung, die höchsten Gipfel aller Kontinente zu besteigen:

- **den Mount Everest, mit 8.850 m der höchste Berg der Welt, in Asien,**
- **der Aconcagua (6.962 m) in den argentinischen Anden,**
- **der Mount McKinley (6.195 m) in Alaska,**
- **den Kilimandscharo mit seinen 5.892 m in Afrika,**
- **den Elbrus (5.642 m) im europäischen Kaukasus,**
- **den Mount Vinson (4.892 m) in der Antarktis,**
- **die Carstensz-Pyramide mit 4.884 m in Ozeanien.**

Um diese sieben Gipfel erfolgreich zu besteigen, sind mehrere Faktoren vonnöten: bergsteigerische Klasse, Ausdauer, Geduld, Planungsfähigkeit, logistisches Denken u. a. – doch vor allem: Motivation und mentale Stärke!

Als ich am 23. Mai 2001 auf dem Gipfel des Mount Everest stand, waren die „Seven Summits" eigentlich noch kein Thema für mich – wenn, dann nur im Hinterkopf. Ich war noch als Extrem-Radrennfahrer aktiv, hatte 1997 und 2000 das RAAM gewonnen und sollte es 2002 nochmals für mich entscheiden. Und doch fühlte ich, dass zwischen mir und den Bergen eine Freundschaft entstand ...

2007 nahm ich das Projekt „Seven Summits" konkret in Angriff. Es ging nicht darum, etwas zu realisieren, was schon andere vor mir geschafft hatten, doch es ging darum, mir selbst zu beweisen, dass ich in der Lage war, mich zu motivieren, bestmöglich zu organisieren und körperlich auf die Herausforderungen vorzubereiten. Der Schlüssel, den Fokus rund 18 Monate auf ein einziges Ziel gerichtet zu haben, lautete: mentale Stärke.

2.000 hm an einem Tag. Am 20. Mai 2008 herrschte herrliches Wetter am Gipfel des Elbrus – doch welch Anstrengungen, dort hinaufzukommen. Beim Aufbruch um 3 Uhr in der Früh war es bitterkalt, gefühlte minus 30 Grad Celsius. Und 2.000 Höhenmeter an einem Tag zurückzulegen macht sich schon bemerkbar.

Rückkehr nach Afrika. Keine vier Monate später, am 2. September, waren die Voraussetzungen und Bedingungen andere. Auf dem höchsten Berg Afrikas war es kalt und windig, doch der Aufstieg bot wunderbare Bilder der Flora und Fauna. Zu unterschätzen war der leichteste der „Seven Summits" auch nicht. Und die Reise im September war eine Rückkehr: eine Grippe hatte im Februar die geplante Besteigung unterbunden.

Die Geduldprobe. Am 2. Jänner 2009 stand ich am Gipfel des Mount Vinson – und benötigte aufgrund des unwirtlichen Wetters zwei weitere Tage, um vom HIGH-Camp wieder ins LOW-Camp zurückzukehren. Überhaupt war diese Expedition eine reine Geduldprobe. Zwölf Tage lang musste ich in Punta Arenas ausharren, ehe die Wind- und Wetterbedingungen es erlaubten, in die Antarktis zu fliegen.

Der Wind als Begleiter. In einem Atemzug ging es weiter nach Südamerika, wo ich am 15. Januar 2009 den Aconcagua bestieg. Es war ein sehr langer und anstrengender Tag. Starke Bewölkung und böiger Wind waren ständiger Begleiter bis zum Gipfel. Und das Abenteuer auf der südlichen Hemisphäre endete so, wie es begonnen hat: mit Warten, acht Stunden in einem Kleinbus an der argentinisch-chilenischen Grenze!

Der unwirtliche Berg. 11:30 Stunden dauerte der Aufstieg am 16. Juni auf den Mount McKinley – das war echte

Schwerarbeit! Was den höchsten Berg Nordamerikas so unwirtlich macht, ist das Klima – er ist der kälteste Berg der Welt. Selbst im Sommer herrschen auf dem Mount McKinley frostige Temperaturen, im Winter fällt das Thermometer zuweilen bis auf unter -70 Grad Celsius.

Starker Regen, schlechte Sicht. Beendet wurde meine „Seven Summits"-Kampagne am 6. Dezember 2009 mit einer Gipfelbesteigung der besonderen Art. Auf dem Weg zur Carstensz-Pyramide begleiteten mich sehr starker Regen und schlechte Sicht. So kam ich nur sehr langsam voran. Doch der Lohn nach einem langen und Kräfte raubenden Tag war groß. Ich hatte alle „Seven Summits" bestiegen!

Sieben Gipfel, die zwischen 4.884 m und 8.850 m hoch sind, stellen den menschlichen Körper auf verschiedene Belastungsproben. Sieben Gipfel, die auf sieben unterschiedlichen Kontinenten liegen, sind von der Natur unterschiedlich modelliert. Ein Mount Everest lässt sich nicht mit dem Mount Vinson vergleichen, und der Kilimandscharo nicht mit dem Elbrus.

Doch auf dem Weg zu siebenfachen Höhen gilt es auch, sich auf die Kulturen der Kontinente einzulassen, Eigenheiten der Menschen zu verstehen und zu begreifen, was sie, die jahraus, jahrein an diesen Bergen leben (Antarktis mal ausgenommen), stark macht. Und es gilt, nicht nur die Routen am Berg zu studieren, sondern auch optimale Flugverbindungen zu finden und perfektes Zeitmanagement zu betreiben. Nur so kam ich beispielsweise am letztmöglichen Tag zu dieser Jahreszeit noch auf dem Gipfel des Aconcagua an.

Die „Seven Summits" sind ein eigenes Buch wert. Ach ja, richtig: Dieses erscheint im Herbst 2010!

PRAXISTEIL

ÜBUNGEN FÜR DIE KONZENTRATION

Auch wenn Sie die folgenden Beispiele als einfach empfinden, trainieren sie doch Ihre Konzentration. Das Ziel dieser Konzentrations- und Visualisierungsübungen ist es, dass Sie sich über einen längeren Zeitraum auf eine Sache konzentrieren können.

1. Übung: Geheimschrift

Entschlüsseln Sie die Geheim-Botschaft!

L	N	E	B	S	I	H	R	U	D	J	T	Z	M
13	5	7	2	4	6	12	1	9	10	11	8	3	14

13,7,2,7,5   4,6,7   6,14   12,6,7,1   9,5,10   11,7,8,3,8

LESEN SIE IM HIER UND JETZT

2. Übung: Lesen Sie den Text

„ud tsffahcs saw ud tslliw" tsi nie rabniehcs relpmis ztas, ni med hcis reba rhes leiv laitnetop tgribrev. laitnetop, sad hci ni meseid hcub nretuälre edrew. hci ebierhcs reih rebü eniem nehcilnösrep essinbelre dnu negnurhafre, eid hci mi efual seniem snebel sla reltropsmertxe, hcsnemneilimaf dnu remhenretnu etlemmas. eniem ehcilztäsdnurg tfahcstob tetual: sthcin treinoitknuf nov enialla. mu hcierglofre uz nies, nessüm eis nerhi liet uzad negartieb. redej nov snu thcuarb ehcsitsilaer dnu erabhcierre eleiz, eid hcilreiunitnok dnu tneuqesnok tglofrev nedrew nessüm.

3. Übung: Lesen Sie den Text

Konzentrieren Sie sich und versuchen Sie, den folgenden Text zu lesen. Sie werden sehen, es ist gar nicht so einfach. Und versuchen Sie, die folgenden Zeilen immer schneller und schneller zu lesen:

DUSCHAFFSTWASDUWILLST

ERFOLGREICHEMENSCHENFALLENNICHTEIN
FACHSOVOMHIMMELESGIBTKEINEUNTERTEILUN
GINERFOLGREICHEUNDERFOLGLOSEJEDERMUSSSE
LBERFÜRSEINENERFOLGARBEITENMANCHMALDAF
ÜRKÄMPFENOFTMÜSSENENTBEHRUNGENINKAUFG
ENOMMENWERDENWIEDERUNDWIEDERWURDEICH

VORALLEMNACHEXTREMRADRENNENMITTAUSEN
DENKILOMETERNUNDMINIMALEMSCHLAFPENSUM
MITDENSCHLAGWORTENUNMENSCHLICHABNOR
MALUNVORSTELLBAREXTREMKONFRONTIERTFÜRM
ICHWARENDIEACHTTEILNAHMENBEIMRACEACRO
SSAMERICASOWIEDIEDURCHQUERUNGAUSTRA
LIENSDIEBESTEIGUNGDESMOUNTEVERESTKEINEÜB
ERMENSCHLICHEODERAUSSERIRDISCHELEISTUN
GINMEINEMLEBENSAMMELTEICH650000RADKILOM
ETERDASENTSPRICHTFÜNFZEHNMALRUNDUMDIEE
RDEAUFALLEFÄLLENORMALERALSACHTSTUNDENP
ROTAGHINTEREINEMSCHREIBTISCHZUSITZEN

4. Übung: Die Kerzenübung

Zünden Sie eine Kerze an und blicken Sie in die Flamme. Lassen Sie sich nicht von anderen Einwirkungen ablenken, denken Sie an nichts anderes als an dieses Licht. Legen Sie den Fokus auf die Flamme der Kerze.

Nun schließen Sie die Augen und lassen Sie die Kerze vor Ihrem geistigen Auge weiter brennen. Geben Sie anderen Gedanken keine Chance, seien Sie voll und ganz auf die Kerze in Ihrem Gedanken konzentriert!

5. Übung: Streubuchstaben

Tippen Sie möglichst schnell mit einem Finger dreimal den folgenden Satz ab!

Ich schaffe was ich will.

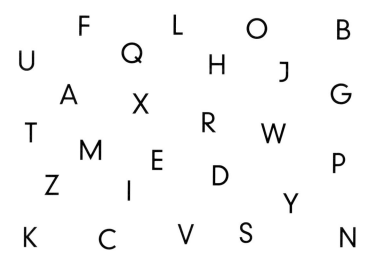

PRAXISTEIL

ZIELSETZUNG

1. Übung

Nichts ist größer als die Angst des Schreibenden vor einem leeren Blatt Papier, das mit Inhalt gefüllt werden muss, heißt es. Fürchten Sie sich nicht, Ihre Ziele zu formulieren und niederzuschreiben. Lassen Sie sich Zeit, denken Sie gründlich darüber nach.

Private Ziele

Kurzfristig	Mittelfristig	Langfristig

Berufliche Ziele

Kurzfristig	Mittelfristig	Langfristig

2. Übung / *Wochenziele /Monatziele*
/ *vorbereiten am Tisch*

Wie sieht meine Strategie zum Erreichen dieses Ziels aus?
(Tagesablauf ändern, häuslicher werden, sich auf Jobsuche
begeben?)

Ziel 1 _____

_____

Ziel 2 _____

_____

Ziel 3 _____

_____

Ziel 4 _____

_____

3. Übung

Visualisieren Sie ihr Ziel, machen Sie es …

sichtbar

_____

_____

spürbar, fühlbar _____

_____

riechbar _____

_____

hörbar _____

_____

schmeckbar _____

_____

1. Atmen + Kraft Wörter = Schlüsselwörte

2. Visualisieren

3. Ziele + was hindert mich noch?

   ⌐ + Strategie - was ist zu tun

4. Entspanne

5. Energie folgt der Aufmerksamkeit

4. Übung

Lernen Sie Ihre Ziele zu leben!

Um die Verwirklichung eines Ziels gedanklich zu unter-stützen, sollten Sie sich vorstellen wie es sein wird, wenn sie es erreicht haben.

Sie planen ein Haus? Leben Sie gedanklich bereits in die-sem! Stellen Sie sich so detailliert wie nur möglich vor, wie es aussieht, welche Farben die Wände haben und wo der Esstisch stehen wir.

Sie möchten abnehmen? Stellen Sie sich vor, wie Sie ausse-hen werden, wie Sie sich bewegen werden, war sich an Ihrer Umgebung verändert haben wird, wenn Sie Ihr Traumgewicht erreicht haben!

Erst wenn Sie sich Ihre Ziele lebhaft und bildlich vorstellen können, sind Sie auch innerlich bereit, Ihre mentale und zur Verwirklichung der Ziele erforderliche Einstellung zu verändern!

ENTSPANNUNGSÜBUNGEN

1. Übung: Atemübungen

Atmung ist Leben! Der Mensch atmet zwischen 10- und 18-mal pro Minute. Der Atem wird damit zur wichtigsten Lebensquelle. Ohne Flüssigkeit und ohne Nahrung können wir einige Tage überleben, aber ohne Atmung nur wenige Minuten. Nach drei Minuten sterben empfindliche Gehirnzellen ab. Die Atemmuskulatur ist die sensibelste des ganzen Körpers und die erste, die auf Stresssituationen reagiert: durch beschleunigte Atmung.

Wer öfter bewusst und damit richtig atmet, kann nicht nur sein körperliches Wohlbefinden steigern, sondern auch seine geistigen Funktionen anregen. Darüber hinaus verändert das vertiefte Atmen auch den Mentalzustand der

Menschen. Sie werden ausgeglichener und ruhiger. Sie bekommen einen „langen Atem", die Kraft des Atems bringt alle Lebensenergien wieder ins Fließen.

Bewusstes Atmen besteht aus drei Phasen:

dem Einatmen   dem Ausatmen   der Atempause

Nutzen Sie die entspannende Wirkung der Atmung nicht nur in stressigen Situationen: Begeben Sie sich an einen ruhigen Platz, schließen Sie die Augen, atmen Sie tief und langsam ein und aus. Achten Sie dabei, dass Sie bewusst länger ausatmen. Beginnen Sie mit ein paar Minuten und führen Sie es zwei- bis dreimal pro Tag durch. Das Hauptaugenmerk sollte auf dem Ausatmen liegen! Beim Ausatmen denken Sie bewusst an Ihre persönlichen Schlüsselwörter wie z.B. Ruhe, Erfolg, Gesundheit, Glück, …

Ein weiteres Beispiel ist es, die Atemzüge zu zählen: Setzen Sie sich auf einen Stuhl, schließen Sie die Augen und entspannen Sie sich. Atmen Sie ganz normal. Konzentrieren Sie sich auf Ihren Atem. Zählen Sie jeweils nach dem Ausatmen und vor dem Einatmen still für sich: 1 für die erste Atemphase (einatmen plus ausatmen), 2 für die nächste Atemphase und so weiter bis 5, dann beginnen Sie wieder bei 1. Zählen Sie gedanklich vor sich hin. Versuchen Sie zu fühlen, wie beim Atmen die Luft ein- und ausströmt. Sie werden bald bemerken, dass Ihr Verstand versucht, Sie mit allen möglichen Gedanken vom Zählen abzuhalten. Führen Sie ihn sanft zum Zählen zurück, sobald Sie bemerken, dass er Sie abgelenkt hat. Kehren Sie am Ende langsam aus der Entspannungsphase zurück und öffnen Sie die Augen.

2. Übung: Progressive Muskelentspannung

Die progressive Muskelentspannung ist ein Verfahren, das muskuläre An- und Entspannung auch auf seelische Entspannung überträgt. Die Methode funktioniert sehr einfach und ist daher für fast jede Person leicht zu erlernen und gut geeignet. E. Jacobson entwickelte diese Methode aufgrund seiner Beobachtungen, dass psychische Spannung und Stress bei Menschen immer auch zu einer Anspannung im Körper führen. Weiters entdeckte der Forscher, dass körperliche Entspannung Gefühle wie Angst, Nervosität und Wut, aber auch Konzentrationsschwierigkeiten ausschließt. Entspannung kann also nicht gleichzeitig mit diesen Gefühlen und Zuständen auftreten. Jacobson hatte nun die Idee, durch gezielte Übungen körperliche Entspannung zu erzeugen und damit Anspannung auszuschalten.

E. Jacobson entwickelte ursprünglich die progressive Muskelentspannung in 16 Teilen. Diese ist zeitlich sehr aufwendig und daher nicht ganz alltagstauglich. Ich verwende daher meistens nur die 7-teilige, die aber genauso wirksam ist.

Lassen Sie sich die folgende Übung von Ihrem Partner langsam und ruhig vorlesen oder besorgen Sie sich im Handel eine der vielen CDs. Am Anfang ist es etwas gewöhnungsbedürftig, doch mit ein bisschen Übung klappt es sicher.

Progressive Muskelentspannung in 7 Teilen:

Nehmen Sie eine bequeme Haltung ein. Überprüfen Sie noch einmal, ob alles passt. Für die folgende Übung werden rund 10 bis 12 Minuten benötigt.
Das Schließen der Augen verbessert die Konzentration und hilft ablenkende Reize auszublenden. Sie können nun die Augen schließen.

Machen Sie sich bewusst, wie Sie daliegen.

Wollen Sie es sich noch etwas bequemer machen? Entspannen Sie sich so gut wie möglich. Gleich werden Sie Muskelpartien 5 bis 10 Sekunden gleichmäßig anspannen, um dann für etwa 30 Sekunden vollständig loszulassen. Bitte steigern Sie die Spannung nur so weit, bis Sie die Spannung deutlich spüren. Aber nur so weit, wie es Ihnen gut tut und nicht schmerzt oder verkrampft.

Konzentrieren Sie sich nun auf Ihren rechten Arm.
Machen Sie sich bewusst, wie der Arm sich anfühlt.

Anspannung: Spannen Sie möglichst alle Muskeln des rechten Armes an, indem Sie die Faust ballen, den Arm anwinkeln und so Unterarm und Oberarm anspannen ...

Loslassen, jetzt lassen Sie wieder los, lassen den Arm und die Hände ganz locker und bequem ruhen. Spüren Sie das unterschiedliche Gefühl im Oberarm, im Unterarm, in den Händen und in jedem Finger? Gönnen Sie sich die Zeit, dass sich die Muskeln noch ein wenig mehr lösen können. Lassen Sie ganz los ...

Achten Sie nun auf Ihren linken Arm.
Wie fühlt er sich in diesem Moment an?

Anspannung, spannen Sie möglichst alle Muskeln des linken Armes an, indem Sie die Faust ballen, den Arm anwinkeln, und so Unterarm und Oberarmmuskeln anspannen ...

Loslassen, jetzt lassen Sie los. Lassen Sie den Arm ganz locker und gelöst ruhig liegen. Spüren Sie das unterschiedliche Gefühl, im Oberarm, im Unterarm, in der Hand, in den Fingern? Gönnen Sie sich die Zeit, dass sich die Muskeln Ihres linken Armes noch ein wenig mehr lösen können. Lassen Sie sich Zeit.

Nun wenden Sie sich Ihrer Schulter zu.
Machen Sie sich bewusst, wie sich dieser Körperbereich anfühlt.

Anspannung, ziehen Sie die Schultern ganz hoch, in Richtung der Ohren und achten Sie dabei auf das Spannungsgefühl in den Schultermuskeln …

Loslassen, jetzt lassen Sie wieder vollständig los. Die Schultern sinken ganz zurück. Wie fühlt es sich nun an, wenn Sie die Schultern ganz loslassen? Empfinden und genießen Sie das angenehme Gefühl der Lockerung und Lösung der Muskulatur …

Und weiter zum Gesicht.
Wie fühlt es sich in diesem Moment an?

Anspannung, spannen Sie jetzt an. Beißen Sie nun die Zähne aufeinander, kneifen Sie die Augen zusammen und spannen Sie möglichst viele Gesichtsmuskeln an, indem Sie eine Grimasse machen. Loslassen, jetzt die Spannung wieder völlig lösen. Empfinden und genießen Sie die Lockerung und Lösung des Gesichtes. Erlauben Sie Ihrem Gesicht ganz gelöst, ganz glatt zu werden. Spüren Sie wie es sich anfühlt im Bereich der Stirn, der Augenpartie, der Wangen, im Bereich des Mundes, wobei sich der Mund leicht öffnen kann.

Jetzt konzentrieren Sie sich bitte auf den Rumpf
und auf den Rücken.
Wie fühlt es sich hier an?

Wenden Sie sich jetzt auch den Bauchmuskeln zu.
Machen Sie sich bewusst,
wie sich diese Muskeln, dieser Körperbereich, anfühlen.

Anspannung, spannen Sie die Rückenmuskeln an, indem Sie die Schulterblätter in Richtung Wirbelsäule zusammenziehen und spannen Sie gleichzeitig die Bauchmuskeln an. Spüren Sie die Spannung der Muskeln in diesem Bereich. Loslassen, jetzt die Spannung wieder vollständig lösen. Lassen Sie ganz locker. Erlauben Sie den Rückenmuskeln und den Bauchmuskeln sich völlig zu lösen. Achten Sie auf das angenehme Gefühl und die Lockerung und Lösung der Rücken- und Bauchmuskeln.

Wenden Sie sich nun bitte Ihrem rechten Bein zu.
Wie fühlt es sich an?

Anspannung, spannen Sie nun die Gesäßhälfte und Oberschenkelmuskeln, Unterschenkel und den Fuß an. Ziehen Sie die Zehenspitzen in Richtung des Gesichtes und spannen Sie an.Loslassen, jetzt wieder völlig loslassen. Die Beine und Füße finden in eine ganz bequeme und lockere Haltung zurück. Empfinden und genießen Sie dieses angenehme Gefühl von Lösung und Lockerung der Gesäßhälfte, der Ober- und Unterschenkel und der Füße. Gönnen Sie sich die Zeit, dass sich die Muskeln noch ein wenig mehr lösen können. Lassen Sie vollständig los …

Nun wenden Sie sich Ihrem linken Bein und
Ihrer linken Gesäßhälfte zu.
Wie fühlt sich dieser Körperbereich an?
Senden Sie Ihre Aufmerksamkeit in diesen Bereich.

Anspannung, spannen Sie nun Ihre linke Gesäßhälfte, Ihren Oberschenkel, Ihre Unterschenkel und den Fuß Ihres linken Beines an. Ziehen Sie Ihre Zehenspitzen in Richtung Ihres Gesichtes und spannen an. Machen Sie sich die Spannung ganz bewusst. Spüren Sie die Spannung. Loslassen, jetzt wieder völlig loslassen. Die Gesäßhälfte, das ganze Bein und den Fuß wieder ganz loslassen. Jetzt wieder alle Spannung vollständig lösen. Die Gesäßhälfte, das Bein und der Fuß finden wieder in eine bequeme und ruhige Haltung zurück. Gönnen Sie sich die Zeit, dass sich die Muskeln noch ein wenig mehr lösen können. Lassen Sie einfach los…

Genießen Sie die Entspannung in Ihrem ganzen Körper, Sie spüren die Lockerheit in sich.

Sie spüren, wie leicht die Energie durch Ihren Körper fließt. Sie fließt durch Ihre Beine und Füße, durch Ihren Oberkörper, durch Ihre Arme über den Nacken und Ihren Kopf. Sie sind von Kopf bis Fuß ganz entspannt.

Nun spannen Sie Ihre Hände langsam wieder an.

Winkeln Sie die Arme an, strecken die Arme und rekeln Sie sich wohlig.
Öffnen Sie allmählich Ihre Augen.
Und setzen Sie sich langsam wieder auf.

3. Übung: Affirmationen

Ihre Gedanken sind optimistisch-aktiv. Sagen Sie sich immer wieder solche oder ähnliche Glaubenssätze (Ihre eigenen) vor. Solange, bis sie das Unterbewusstsein glaubt:

Ich denke immer positiv.

Ich glaube an meinen Erfolg.

Ich arbeite mit Freude und Disziplin.

Ich denke in allen Situationen positiv.

Ich bin stark und erfolgreich.

Ich meistere jede Situation.

Heute ist mein Tag!

…

MOTIVATIONSÜBUNGEN

Übung 1: Die Highlights des Tages

Die Highlighttabelle hilft all jenen Menschen, die immer alles grau und düster sehen: Achten Sie bewusst auf die schönen Erlebnisse des Tages. Was war in beruflicher und privater Hinsicht toll? Wenn Sie einen schönen Regenbogen sehen und ihn genießen! Wenn Sie mit einer Arbeitskollegin essen waren? Oft sind es die kleinen Dinge, die Sie nicht mehr sehen. Notieren Sie diese und machen Sie Ihre eigene Highlight-Tabelle!

Die Tabelle können Sie auf meiner Homepage
www.fasching.co.at/tageshighlights downloaden!

2. Übung: Die Farbmeditation

Auf meiner Website *www.fasching.co.at/uebungen* finden Sie das MP3-File farbmeditation.mp3. Einfach auf Ihren MP3-Player laden und los geht's.

Machen Sie es sich bequem, auf einem Stuhl oder auf einer Couch. Schließen Sie dann die Augen und hören Sie die Übung und folgen Sie den Anweisungen.

3. Übung: Autosuggestion – Mt. Everest

Die folgende Autosuggestionsübung wurde für die Everest-Besteigung zusammengestellt. Ich hatte einen CD-Player mit und hörte mir das bis zu fünf Mal pro Tag an. Von meinen Bergsteigerkollegen wurde ich immer ein bisschen belächelt, weil ich im Zelt lag und mir die CD anhörte. Aber ich habe immer daran festgehalten:

Auf meiner Website *www.fasching.co.at/uebungen* finden Sie das MP3-File autosuggestion.mp3. Einfach auf Ihren MP3-Player laden und anhören.

Ich verwende diese Mount-Everst-CD nach wie vor. Ich verbinde jedoch den Berg mit meinen neuen Zielen. Ich setze den Berg immer mit meinem neuen Ziel gleich.

Es handelt sich hierbei
um einen kleinen Auszug möglicher Übungen.
Weiterführende Informationen
erhalten Sie auf meiner Website
www.fasching.co.at.
Vertiefendes Wissen können Sie sich
in meinen Seminaren und Veranstaltungen aneignen.

DIE AUTOREN

Wolfgang Fasching ...

... wurde am 11. August 1967 in Bad Radkersburg als eines von vier Kindern geboren und wohnt mit seiner Frau Doris in Neukirchen bei Lambach in Oberösterreich. Er ist stolzer Vater von Tochter Simone. Nachdem der Steirer als 18-Jähriger mit dem Radsport begonnen hatte, erkannte er früh seine Leidenschaft für Langstreckenrennen. Insgesamt acht Mal startete er beim Race Across America und konnte es drei Mal gewinnen. Bei all seinen Teilnahmen schaffte er den Sprung aufs Siegerpodest. Neben zahlreichen Siegen, unter anderem wurde er 12-Stunden- und 24-Stunden-Welt- und Europameister, bestieg er 2001 den Mount Everest, als 13. Österreicher.

Wolfgang Fasching, zu dessen Hobbys das Hubschrauber-Fliegen zählt, ist mehrfacher Buchautor, gefragter Vortragender und Seminarleiter zum Thema „Mentale Stärke; Ziele setzen, Ziele erreichen" für namhafte Unternehmen und Institutionen im deutschsprachigen Raum.

wolfgang@fasching.co.at

Martin Roseneder ...

... wurde am 19. Oktober 1976 in Waidhofen/Ybbs geboren. Bis 19 war er erfolgreicher Radfahrer im Nachwuchsbereich, danach begann er sein Studium der Betriebswirtschaft. Ab 1999 folgten journalistische Tätigkeiten, bei Tageszeitungen und Wirtschaftsverlagen. Seit 2003 ist er selbstständiger PR-Berater. Zu seinen größten Kunden zählten bzw. zählen die Rad Weltmeisterschaft 2006 in Salzburg, das ATP-Turnier 2007 in Kitzbühel, die Österreich Rundfahrt von 2004 bis 2007, das Altstadtkriterium 2007 in Graz, etc. Zudem ist Martin Roseneder Pressebetreuer einiger Spitzensportler, wie Vize-Olympiasieger Reinfried Herbst, den Radprofis Bernhard Eisel, René Haselbacher, Peter Wrolich, Österreichs bestem Behindertensportler Thomas Geierspichler und nicht zuletzt für Wolfgang Fasching, den er seit 2004 betreut.

martin.roseneder@sportpress.at

LITERATURVERWEISE

„Erfolgsfaktor Kopf"
Wolfgang Fasching, Egon Theiner

„Du schaffst was Du willst"
Wolfgang Fasching

„Positive Unsicherheit – Erfolgswege in die Zukunft"
Werner Ringhofer, Alois Kogler

„Heute ist mein bester Tag"
Arthur Lassen

„Stress ade – Die besten Entspannungstechniken"
R. Geisselhart, C. Hofmann

„Spitze im Sport – Spitze im Beruf"
Richard F. Estermann

Meditations-CD 2001
Franz Steinberger, Wolfgang Fasching

www.erfolgsverkauf.at

Skripten Mental College Bregenz

LITERATUREMPFEHLUNGEN

„start living 1 – Das 6 Wochen Training"
Dr. Manfred Winterheller

„start living 2 – Die zweiten 6 Wochen"
Dr. Manfred Winterheller

„Mental fit im Alltag - 111 Mentaltipps
zum praktischen Anwenden"
Wolfgang Fasching

ERLEBEN SIE WOLFGANG FASCHING – LIVE

Die Techniken, Methoden, Tipps und Tricks
verinnerlichen Sie in diesem Buch
durch lesen alleine noch nicht.
Wie in allen anderen Lebensbereichen ist Training
unbedingt notwendig.

Daher empfehle ich Ihnen zusätzlich
den Besuch eines Vortrages oder Seminares,
in dem die mentalen Techniken
eingeübt und vertieft werden.

Neben umfassenden Informationen
über Vorträge und Seminare
finden Sie auf meiner Homepage
www.fasching.co.at
einen Shop für Bücher, Videos, Motivationstipps
und einen kostenlosen Newsletter.